1일
1단어
1분으로 끝내는
IT 공부

# 1일 1단어 1분으로 끝내는 IT공부

**초판 1쇄 인쇄** 2023년 7월 24일
**초판 1쇄 발행** 2023년 8월 1일

**지은이** 류한석
**펴낸이** 김종길 **펴낸 곳** 글담출판사 **브랜드** 글담출판

**기획편집** 이은지 · 이경숙 · 김보라 · 김윤아 **영업** 성홍진
**디자인** 손소정 **마케팅** 김민지 **관리** 김예솔

**출판등록** 1998년 12월 30일 제2013-000314호
**주소** (04029) 서울시 마포구 월드컵로8길 41 (서교동 483-9)
**전화** (02) 998-7030 **팩스** (02) 998-7924
**블로그** blog.naver.com/geuldam4u **이메일** geuldam4u@geuldam.com

**ISBN** 979-11-91309-45-4 (44080)
        979-11-91309-15-7 (세트)

**만든 사람들** ————————————————
**책임편집** 김윤아

글담출판에서는 참신한 발상, 따뜻한 시선을 가진 원고를 기다리고 있습니다.
원고는 아래의 투고용 이메일을 이용해 보내주세요. 여러분의 소중한 경험과 지식을 나누세요.
**이메일** to_geuldam@geuldam.com

# 1일

# 1단어

# 1분 으로 끝내는

# IT공부

류한석 지음

글담출판

"기술 덕분에 인간은 더욱 똑똑해지고, 인간 능력이 향상됨에 따라
기술은 더욱 발전한다."

– 에릭 슈미트Eric Schmidt, 구글 전 CEO

사람들은 IT라는 말을 일상에서 흔히 사용합니다만, IT의 의미에 대해 정확히 설명
할 수 있는 사람은 많지 않습니다. IT는 정보 기술Information Technology의 약자로, 컴
퓨터를 이용해 정보를 만들고 저장하고 검색하고 활용하고 전달하는 등 정보 처리
와 관련된 모든 요소를 포함하는 용어입니다. 여기에서 말하는 컴퓨터에는 PC, 스마
트폰, 태블릿 등 다양한 장치가 모두 포함됩니다. 정보는 우리가 알고 싶거나 배우고
싶거나 공유하고 싶은 것들입니다.

이처럼 IT는 정보를 다루는 기술입니다만, 우리의 삶과 세상 전반에 광범위하고
거대한 영향을 미치는, 단순한 기술 이상의 주제입니다. IT는 사람들이 말하고 쓰고
생각하고 느끼고 표현하고 영감을 주고받는 모든 영역에 영향을 미쳤으며 앞으로도
그럴 겁니다. IT는 단지 우리가 하는 일을 도와주는 정도가 아니라, 우리가 할 수 있
는 모든 일을 확장해 주며 그 한계를 가늠하기 어렵다고 감히 말할 수 있습니다.

## IT를 잘 알게 되면 어떤 이점이 있을까요?

첫째, IT는 미래의 핵심 기술로 IT를 알면 미래를 알 수 있습니다. IT는 미래 사회의

사칙연산입니다. 4차 산업혁명이 본격화됨에 따라 IT는 다양한 분야에서 새로운 기술과 서비스, 비즈니스를 만들어 내고 있지요.

둘째, IT를 알면 취업과 창업에 유리합니다. IT는 고용에 대한 수요가 매우 높은 분야로, IT 기업뿐만 아니라 일반 기업에서도 모두 IT 인력이 필요합니다. IT를 배우면 다양한 업종과 직종에서 일할 수 있고, 자신만의 제품이나 서비스를 개발해 창업할 수도 있습니다.

셋째, IT는 삶의 질을 향상시켜 줍니다. IT는 우리가 일상에서 사용하는 대부분의 전자제품과 서비스에 적용되어 있습니다. IT는 일상의 편리함과 즐거움을 높여줍니다. 의사소통, 협업, 문제해결 등에 IT를 이용함으로써 자신이 하는 일을 더 잘할 수 있고 물건이나 서비스를 더 싸고 빠르게 구매해 비용을 절감할 수도 있습니다. IT를 배우면 새로운 기술과 변화에 빠르게 적응하고, 더 나은 세상을 만드는 데 참여하고 기여할 수 있습니다.

## 이 책은 IT에 관심이 있는 모든 사람을 위한 책입니다

IT 용어는 대부분 영어에서 비롯되었기 때문에 가능한 한 영어를 함께 표기했습니다. 주로 우리말로 사용하는 용어라 하더라도 마찬가지입니다. 이를 통해 원래의 용어가 가진 맥락을 이해할 수 있고, 필요하다면 영어로 검색해 더 풍부한 내용을 찾아볼 수 있을 것입니다.

간혹 내용을 이해하기 어려울 수도 있습니다. IT 용어의 특성상 하나의 개념을 설명하기 위해 또 다른 개념을 끌어다 써야 하는 경우가 많기 때문입니다. 이 경우다른 개념을 알지 못하면 용어 자체를 이해하기 어렵지요. 최대한 쉽게 설명하기 위해 노력했지만, 그래도 이해되지 않는 부분이 있을 수 있습니다. 그럴 때는 그냥 넘어가서도 괜찮습니다. 뒷부분을 읽다 보면 앞부분이 자연스럽게 이해되거나, 또는

어떤 부분을 읽다 보면 다른 부분이 자연스럽게 이해될 것입니다.

각각의 용어에 대해 80%의 내용 정도만 이해하고 넘어가면, 끝까지 읽은 후에는 거의 100%의 내용을 이해할 수 있을 것입니다. 그러니 이해가 잘 안 되는 부분은 과감히 넘어가면서 편하게 읽으면 좋겠습니다.

어느 정도 IT 지식이 있거나 호기심이 넘치는 독자라면 순서와 관계없이 원하는 용어를 골라서 읽어도 괜찮습니다. 독자에 따라서는 스스로 무엇을 모르는지, 무엇을 알고 싶은지도 모를 수 있습니다. 그럴 경우에는 처음부터 순서대로 읽는 것을 추천합니다.

이 책은 우리의 삶과 세상을 IT가 어떻게 바꾸었고, 바꾸고 있는지, 또한 어떻게 바뀌 나가게 될지를 생각하고 상상해볼 수 있는 기본적인 지식을 제공합니다. 이 책이 여러분만의 비전을 만들고 도전하고 실현하는 데 작은 보탬이 되길 바랍니다. 자, 이제 시작해 볼까요?

# 차 례

## 2장   소프트웨어와 프로그래밍

**4장** 인터넷과 보안

# 1장

## IT 개념과 하드웨어

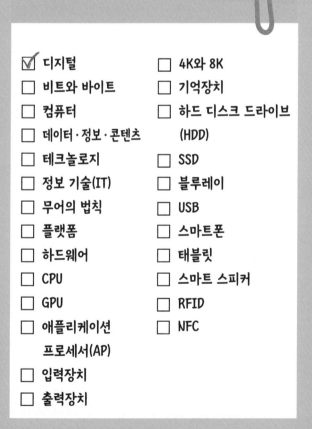

- ☑ 디지털
- ☐ 비트와 바이트
- ☐ 컴퓨터
- ☐ 데이터 · 정보 · 콘텐츠
- ☐ 테크놀로지
- ☐ 정보 기술(IT)
- ☐ 무어의 법칙
- ☐ 플랫폼
- ☐ 하드웨어
- ☐ CPU
- ☐ GPU
- ☐ 애플리케이션 프로세서(AP)
- ☐ 입력장치
- ☐ 출력장치
- ☐ 4K와 8K
- ☐ 기억장치
- ☐ 하드 디스크 드라이브 (HDD)
- ☐ SSD
- ☐ 블루레이
- ☐ USB
- ☐ 스마트폰
- ☐ 태블릿
- ☐ 스마트 스피커
- ☐ RFID
- ☐ NFC

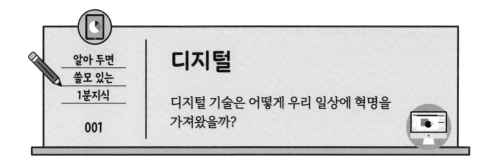

# 디지털

디지털 기술은 어떻게 우리 일상에 혁명을
가져왔을까?

오늘날 우리는 디지털 시대를 살고 있습니다. 그런데 디지털이라는 말은 과연 무슨 뜻일까요? 디지털Digital은 1과 0으로 구성된 이진수를 사용하여 데이터를 표현하고 처리하고 저장하고 전송하는 기술을 의미합니다. 참고로, 우리가 일상에서 사용하는 수는 0~9로 구성된 십진수입니다.

디지털을 이용하면 방대한 정보를 빠르고 효율적으로 관리할 수 있습니다. 디지털은 정확한 수치를 사용해 데이터를 표시하여 신호 저하나 잡음의 영향을 받지 않으며, 품질 손상 없이 데이터를 쉽고 완벽하게 복제할 수 있어 무한히 재생산할 수 있습니다. 디지털 기술을 이용하면 데이터의 장거리 전송이 가능하기에, 통신 기술이 폭발적으로 발전하는 중요한 토대가 되었습니다. 덕분에 우리가 생활하고 일하고 소통하는 방식에도 혁명이 일어났지요.

사전적 의미로 디지털과 대비되는 개념이 아날로그Analog입니다. 아날로그는 전압, 음파, 광파와 같이 연속적으로 변화하는 물리량을 이용해 데이터를 표현하고 처리하는 방법입니다. 예를 들어, 음악 재생에 사용하는 레코드판LP은 대표적인 아날로그 매체입니다. 레코드판 표면에는 소리 진동의 변화를 기록한 홈이 파여 있습니다. 레코드판이 돌면 바늘이 홈을 따라가는데, 바늘이 읽어 낸 홈의 변화가 전기 신호로 변환되고 앰프와 스피커를 거쳐 음악이 재생됩니다.

이와 같은 아날로그 기술은 자연스럽고 유기적인 경험을 제공하지만, 정확도가

데이터를 쉽게 편집하고 변환할 수 있는 디지털 기술의 특성은 디자인, 사진, 엔터테인먼트 등 여러 분야에 혁명을 가져왔다.

떨어지고 잡음과 간섭에 매우 취약하며 데이터를 처리하고 저장하기가 어렵습니다. 예를 들어, 오래된 레코드판을 재생하면 소리에 노이즈가 섞일 수 있습니다. 반면에 디지털 기술은 1과 0으로만 데이터를 표현하므로 정확하고 안정적이어서 신뢰도가 높을 뿐만 아니라 데이터를 처리하고 저장하기에도 적합합니다.

디지털 기술은 컴퓨터, 스마트폰, 태블릿, 디지털카메라, 디지털 TV, 콘솔 게임기 등 광범위한 제품 및 서비스에 사용되고 있으며 금융, 제조, 의료, 물류, 엔터테인먼트, 교육 등 광범위한 산업에서 사용됩니다. 또한 전자상거래, 소셜미디어를 비롯해 수많은 온라인 시장과 새로운 비즈니스 모델의 기반이 되었지요. 디지털 기술로 인해 상품과 서비스를 사고파는 방식이 달라졌고 비즈니스 영역에서 새로운 기회가 창출되었습니다.

반면에 디지털 기술의 사용 범위가 광범위해지면서 개인정보 보호, 보안, 일자리 및 경제에 미치는 영향 등에 대한 우려도 꾸준히 제기되고 있습니다. 하지만 디지털 기술의 발전은 앞으로도 계속될 것이기에, 그 과정에서 발생하는 문제를 해결하면서 디지털 기술의 이점을 모두가 공유하는 것이 중요합니다.

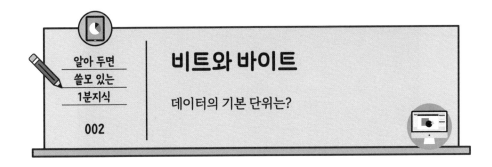

# 비트와 바이트

데이터의 기본 단위는?

우리가 사용하는 모든 컴퓨터와 디지털 기술은 비트Bit와 바이트Byte의 조합으로 이루어져 있습니다. 컴퓨터는 숫자 0과 1만 사용하는 이진수 체계, 즉 이진법으로 데이터를 처리합니다. 비트는 '이진수Binary Digit'의 약어로 데이터의 최소 단위이며, 일반적으로 0 또는 1의 두 값 중 하나만 나타낼 수 있습니다.

컴퓨터에서 데이터는 트랜지스터(전기 신호를 변화시키는 능력을 갖춘 부품) 및 커패시터(전기 에너지를 전기장의 형태로 저장하는 부품)와 같은 수백만 개의 작은 전자부품으로 구성된 디지털 회로를 사용해 처리되고 저장됩니다. 디지털 회로는 전기 신호에 응답하여 0과 1로 표시되는 두 상태 사이를 전환하는 이진법으로 작동하도록 설계되었습니다.

바이트는 일반적으로 문자, 숫자, 기타 유형의 데이터를 저장하고 처리하는 기본 단위입니다. 비트가 여덟 개 모여 하나의 바이트를 형성하는데, 바이트는 256개의 서로 다른 값(2의 8제곱, 즉 2를 여덟 번 곱한 값)을 나타낼 수 있습니다. 바이트는 또한 문서, 이미지와 같은 디지털 파일의 크기를 측정하는 데에도 사용됩니다.

이처럼 비트와 바이트는 데이터를 다루는 기본 단위이며, 컴퓨터는 모든 과정에서 비트와 바이트를 사용해 데이터를 처리하고 저장합니다. 예를 들어, 컴퓨터 키보드에서 문자를 입력하면 키 입력이 일련의 비트로 변환된 다음, 컴퓨터 메모리에 바이트로 저장됩니다. 비트와 바이트의 개념을 이해해야 데이터를 효율적으로 저장하고 관리할 수 있습니다.

컴퓨터가 데이터를 어떻게 처리하고 저장하는지 알기 위해서는 비트와 바이트를 이해해야 한다.

바이트의 단위를 살펴보면, 1킬로바이트Kilobyte, KB는 1,024바이트, 1메가바이트 Megabyte, MB는 1,024킬로바이트, 1기가바이트Gigabyte, GB는 1,024메가바이트 입니다. 여기에서 1킬로바이트가 1,000이 아니라 1,024바이트인 이유는 컴퓨터가 이진법을 사용하기 때문입니다. 2의 10제곱이기에 1024가 되는 것이지요.

그런데 미터법이라고도 불리는 국제단위계 표준은 십진법으로 계산하고 있어, 그에 맞추어 1킬로바이트를 1,000바이트, 즉 10의 세 제곱으로 표기하기도 합니다. 특히 일부 저장장치 업체에서 1킬로바이트를 1,000바이트로 계산해 표기하는 경우가 종종 있습니다. 그렇게 하면 숫자 단위가 커지고 이해하기도 쉬워 마케팅적으로 도움이 되기 때문입니다. 이처럼 업계 이해관계에 따라 계산법이 다를 수 있으니, 단위가 사용되는 맥락에 주의를 기울여 파악할 필요가 있습니다.

# 컴퓨터

### PC, 임베디드 시스템, 메인프레임, 슈퍼컴퓨터의 차이는?

컴퓨터는 인류 역사상 매우 중요한 발명품입니다. 컴퓨터는 데이터를 처리하고 저장하고 표시하는 전자적 기계 장치를 의미하지요. 컴퓨터라는 단어는 20세기 중반까지 주판과 같은 전통적인 계산 도구나 계산하는 사람을 뜻하는 말로 사용되었으나, 현대적인 컴퓨터의 발명 이후 지금과 같은 의미로 사용하고 있습니다. 어원과 달리 현대의 컴퓨터는 단순히 수치나 논리적인 계산을 수행하는 데 그치지 않고, 다양한 데이터를 입력받아 프로그램을 통해 데이터를 저장, 검색, 정리, 분석하고 출력하는 시스템이지요.

컴퓨터의 주요 기능은 입력, 기억, 연산, 제어, 출력의 다섯 가지로 정리할 수 있습니다. 입력 기능은 외부 데이터를 컴퓨터로 입력하는 기능입니다. 기억 기능은 데이터, 프로그램, 처리 결과를 기억하는 기능입니다. 연산 기능은 데이터를 이용해 연산하는 기능이지요. 제어 기능은 내부 장치를 제어하는 기능이며, 출력 기능은 처리 결과를 사용자가 원하는 형태로 출력하는 기능입니다.

컴퓨터의 종류는 처리 성능과 규모에 따라 구분할 수 있는데, 먼저 개인용 컴퓨터 Personal Computer, PC는 개인이 사용하는 소형 컴퓨터로 데스크톱, 노트북 등이 있습니다. 워크스테이션Workstation은 과학, 공학, 그래픽, 애니메이션 등의 용도로 사용하는, PC보다 성능이 뛰어난 컴퓨터입니다. 휴대용 컴퓨터는 들고 다닐 수 있는 작고 가벼운 컴퓨터로 스마트폰, 태블릿, 스마트워치 등이 있으며 모바일 기기와 같은 의미

2023년 1월 기준 세계 1위 슈퍼컴퓨터는 프론티어(Frontier)이며, 국가 간 치열한 경쟁이 벌어지는 분야라서 순위는 계속 바뀐다.

로 쓰입니다. 또, 자동차, 의료기기, 가전제품 등에는 특정 기능을 수행하기 위해 설계된 작은 컴퓨터가 탑재되는데 이를 임베디드 시스템Embedded System이라고 합니다.

큰 규모의 조직에서는 특별한 형태의 컴퓨터를 사용합니다. 메인프레임Mainframe은 많은 양의 데이터를 연산하고 복잡한 작업을 빠르게 처리할 수 있는 컴퓨터로 금융기관, 항공사, 정부 기관 등에서 사용합니다. 메인프레임은 다수의 사용자와 프로그램을 동시에 처리할 수 있어 안정성이 뛰어납니다.

슈퍼컴퓨터Super Computer는 과학 분야 등 대규모의 연산이 필요한 분야에서 사용되는 것으로, 크고 빠르며 가장 강력한 컴퓨터입니다. 슈퍼컴퓨터와 비교하면 메인프레임은 상대적으로 작고 느리지요. 슈퍼컴퓨터는 기상 예보, 우주 탐사, 생명과학, 에너지, 국방 등의 분야에서 사용합니다. 슈퍼컴퓨터는 성능이 강력하지만 제작 비용과 유지 비용이 매우 비싸고 전력 소모량이 크다는 단점이 있습니다.

# 데이터 · 정보 · 콘텐츠

데이터는 어떻게 정보가 되고
콘텐츠도 될까?

많은 이들이 데이터Data와 정보Information를 같은 의미로 사용합니다. 그렇지만 엄밀히 말해 두 용어에는 분명한 차이가 있습니다.

데이터는 어떤 형태로든 식별하거나 측정할 수 있는 모든 값 또는 속성을 뜻합니다. 즉, 아직 분석되지 않은 날것의 정보로, 정보를 만들기 위한 기본 자료가 데이터입니다. 비유하자면 과일 가게에서 사과를 팔기 전에 그냥 나무에서 따온 상태를 데이터라고 생각할 수 있습니다. 데이터와 정보를 혼동하는 이유는 둘이 비슷하고, 정보를 만들기 위한 시작점이 데이터이기 때문입니다.

정보는 데이터를 처리하고 분석해서 얻을 수 있습니다. 사과 가게에서 사과를 세척하고 포장해 팔 수 있는 상태로 만드는 것처럼 말이지요. 그냥 수집한 데이터만으로는 가치가 없습니다. 데이터를 분석해 정보로 만들고, 정보를 쓸모 있게 사용함으로써 가치가 생깁니다.

이처럼 데이터는 정보의 토대가 됩니다. 정보는 데이터 없이 존재할 수 없습니다. 수집된 데이터는 유용할 수도 있고 유용하지 않을 수도 있습니다. 데이터가 의미 있는 방식으로 처리, 분석, 평가, 구조화되어 만들어진 결과가 정보이지요. 이러한 정보는 사용자가 어떤 판단을 내리는 데 이용됩니다. 간단히 말해 정보는 의미가 있는 데이터, 즉 '정보 = 데이터 + 의미'라고 할 수 있습니다.

데이터는 숫자, 기호, 문자 등으로 표현되는 반면에 정보는 데이터를 기반으로 만

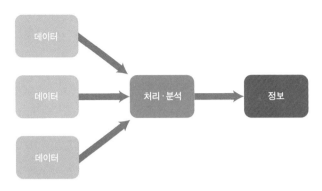

데이터는 사실이나 현상을 표현하는 기호나 수치 등의 형태로 존재하며, 그 자체로는 의미가 없거나 제한적이기 때문에 분석하고 가공해서 정보로 만든다.

들어진 요약, 예측, 아이디어 같은 것들입니다. 일반적으로 데이터는 정량적이고 객관적이지만, 정보는 정성적이며 주관적입니다. 이렇듯 데이터와 정보에는 구분 가능한 차이가 있습니다만, 현실에서는 데이터와 정보를 명확히 구분하지 않고 혼용하는 경우가 많습니다.

정보가 데이터의 집합이듯이 콘텐츠Contents도 데이터의 집합입니다. 하지만 정보와는 속성이 조금 다릅니다. 정보는 사용자가 주관적으로 판단하기 때문에, 같은 데이터의 집합이라도 어떤 사용자에게는 정보이지만 다른 사용자에게는 정보가 아닐 수 있습니다. 반면에 콘텐츠는 객관적으로 정의될 수 있지요. 콘텐츠는 사용자(독자, 시청자, 청취자)에게 메시지를 전달하기 위해 구성한 데이터의 집합이며 텍스트, 이미지, 동영상, 음악 또는 여러 요소의 조합으로 이루어집니다. 메시지에는 이야기, 생각, 느낌 등이 포함되며, 콘텐츠 공급자의 의도에 따라 다양한 내용이 담길 수 있습니다.

# 테크놀로지

지속적인 혁신을 가져오는
테크놀로지의 특징은?

테크놀로지란 특정 작업을 수행하기 위해 사용되는 도구, 테크닉, 시스템을 뜻합니다. 컴퓨터, 통신에서 제조, 물류, 유통, 의료, 금융에 이르기까지 광범위한 분야에서 사용되지요. 또한 우리 삶에 대단한 변화를 일으킬 수 있는 놀라운 힘을 지니고 있습니다.

한국어로는 영어의 Skill(교육이나 경험을 통해 습득한 것으로 작업을 수행할 수 있는 능력)과 Technology를 모두 기술이라고 번역하여 구분이 어렵기 때문에 여기에서는 테크놀로지라고 설명하고 있습니다만, 대체로 '기술'이라고 말해도 무방합니다(이 책에서도 뒤에서는 '기술'이라고 쓸 예정입니다).

테크놀로지에는 기계와 같은 물리적 개체뿐만 아니라 소프트웨어와 같은 무형의 지식도 포함됩니다. 또한 제품 및 서비스를 설계, 구현, 개선하기 위해 과학이나 공학적 원리를 적용하는 것도 포함됩니다.

테크놀로지는 혁신과 경제 성장의 원동력이며 우리 일상의 모든 부분에 영향을 미칩니다. 오늘날 테크놀로지는 정보 기술, 생명공학, 나노기술 등 다양한 분야를 지칭하는 데 사용되며, 테크놀로지의 연구 및 개발은 인류 발전에 중요한 역할을 담당하고 있습니다.

테크놀로지라는 단어는 '예술Art 또는 공예Craft(물건을 만드는 기술)'를 뜻하는 그리스어 테크네techne와 '~에 관해 공부하다study of'라는 뜻의 로지아logia에서 유래했습니

테크놀로지는 장애인, 노약자 등 이전에는 테크놀로지에 접근하기 어려웠던 사람들이 더 쉽게 이용할 수 있도록 접근성을 높이는 방향으로 설계 및 개발되는 추세다.

다. 원래 사전적 의미의 테크놀로지는 특정 분야의 역량을 의미했지요. 그런데 시간이 흐름에 따라 그 뜻이 확장되어, 지금은 도구와 테크닉을 만들고 사용하는 것까지 포함하는 넓은 개념이 되었습니다.

테크놀로지는 지속적인 혁신을 통해 빠르게 변화하고 있는데, 현대 테크놀로지의 중요한 특징으로 연결성Connectivity 증대를 꼽을 수 있습니다. 전 세계 사람들과 연결하는 기술적 방법이 늘어나고 있으며 공동 작업과 글로벌 커뮤니케이션이 증가하고 있습니다. 또한 새로운 테크놀로지가 등장해 다른 분야의 테크놀로지와 연결되는 식의 테크놀로지 간의 연결성도 증대하고 있습니다. 예를 들면, 생명공학에 인공지능을 도입함으로써 생명공학의 발전이 새로운 방향으로 급격히 전개될 수 있습니다.

IT 산업에서의 테크놀로지는 정보를 처리하는 데 사용되는 하드웨어, 소프트웨어, 네트워크 등을 비롯해 정보를 만들고 활용하고 관리하는 데 필요한 운영체제, 데이터베이스, 프로그래밍 언어 등 도구, 테크닉, 시스템의 다양한 요소가 모두 포함됩니다. 앞으로 이들 요소에 대해 하나씩 살펴볼 것입니다.

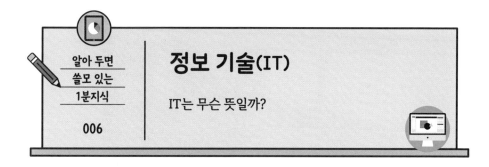

# 정보 기술(IT)

## IT는 무슨 뜻일까?

정보 기술Information Technology, IT이라는 용어는 하버드대학교의 자회사에서 발행하는 종합 경영 잡지 『하버드 비즈니스 리뷰Harvard Business Review』에서 1958년에 처음 쓰였습니다. 원래는 컴퓨터가 기업 경영에 미치는 영향을 설명하기 위해 사용되었지요. 그런데 세월이 흘러 현재 IT는 정보를 만들고 가공하고 응용하는 모든 기술을 일컫는 광범위한 용어로 사용되고 있으며 하드웨어, 소프트웨어, 네트워크 등의 여러 요소를 포함합니다. 사실상 컴퓨터와 관련된 모든 분야를 비롯해 컴퓨터를 다루는 사람, 컴퓨터로 제공되는 콘텐츠까지도 이에 속하지요. 학문적으로는 컴퓨터를 이용한 계산과 실제 구현을 다루는 컴퓨터 과학의 한 분야입니다.

IT와 유사한 의미를 지닌 용어로 정보 통신 기술, 즉 ICTInformation and Communications Technology가 있습니다. ICT는 통신의 역할을 강조하기 위해 IT를 확장한 용어로 볼 수 있는데, 실제로는 IT와 거의 동일한 의미로 사용되고 있습니다.

IT의 대표적인 세부 기술로 소프트웨어 개발, 클라우드 컴퓨팅, 사이버 보안, 데이터베이스 관리, 이동통신, 사물인터넷, 인공지능, 빅데이터, 블록체인, 로봇 등을 꼽을 수 있으며 기술의 발전에 따라 새로운 분야가 계속 추가되고 있습니다. 여기에서 언급한 기술은 뒤에서 모두 살펴볼 것입니다. 그러니 여기에서는 IT라는 개념이 다양한 기술을 포함하며 계속해서 새로운 기술이 추가되고 있다는 정도만 알면 충분합니다.

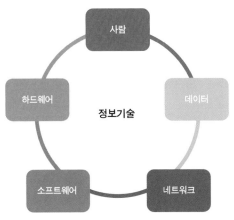

사람

하드웨어    정보기술    데이터

소프트웨어    네트워크

IT의 주요 구성 요소로 하드웨어, 소프트웨어, 네트워크, 데이터(정보, 콘텐츠 포함), 사람(IT 인력과 사용자)을 꼽을 수 있다.

IT는 개인을 비롯해 기업, 정부 기관, 비영리단체 등 모든 조직에 중대한 영향을 미치고 있습니다. IT는 사용자가 하는 일의 효율성과 생산성을 높여 주어, 작업을 빠르고 정확하게 수행하고 문제 해결을 도와줍니다.

개인 사용자라면 IT를 통해 다양한 서비스를 제공받을 수 있습니다. 작업을 하거나 타인과 소통할 수도 있고, 콘텐츠를 감상하거나 공유할 수도 있지요. 그뿐만 아니라 게임, 쇼핑 등 일상생활의 많은 부분에서 큰 도움을 받을 수 있습니다.

기업은 비즈니스 목표를 달성하고 업무의 생산성, 효율성, 정확성을 높이기 위해 IT를 활용합니다. IT는 제조, 물류, 판매에 이르기까지 기업의 비즈니스 운영과 산업 전반에서 필수적인 역할을 담당하며, 기업의 차별화와 혁신을 가능하게 합니다. 예를 들면, 데이터를 분석해 고객의 요구와 트렌드를 파악하고, 그에 맞추어 제품 또는 서비스를 개발한 뒤 그에 맞는 마케팅을 하는 식입니다. 또한 IT 기반의 설비 자동화, 표준화를 통해 생산성을 높이고 비용을 절감할 수도 있습니다.

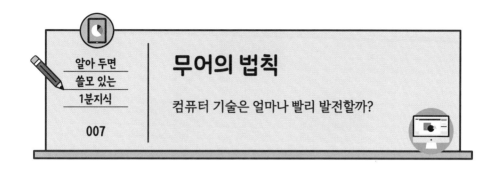

# 무어의 법칙

컴퓨터 기술은 얼마나 빨리 발전할까?

무어의 법칙Moore's Law은 1965년 인텔의 공동 창업자인 고든 무어Gordon Moore가 예측한 것으로, 컴퓨터의 성능이나 기능을 결정하는 중요한 부품인 마이크로 칩Chip의 트랜지스터 수가 2년마다 약 2배가 되는 반면, 칩 비용은 동일하거나 감소한다는 법칙입니다. 트랜지스터는 전자 신호를 증폭하거나 전환하는 데 사용되는 기본적인 전자 부품인데, 소량의 전류로 더 큰 전류를 켜거나 끄는 방식으로 전기의 흐름을 제어하는 반도체 소자의 일종입니다.

무어의 법칙은 반도체 기술의 발전 속도를 나타내는 경험적인 법칙으로, 쉽게 말하자면 컴퓨터에 사용되는 마이크로 칩이 점점 작아지고 빨라진다는 의미입니다. 이 예측은 지난 수십 년 동안 놀랍도록 정확한 것으로 입증되었으며 IT 산업에 커다란 영향을 미쳤습니다.

마이크로 칩은 집적회로 또는 반도체 칩이라고도 하며 일반적으로 실리콘과 같은 반도체 재료로 만든 작은 전자 장치입니다. 여기에는 정보를 디지털 형식으로 처리하고 저장하는 데 사용할 수 있는 많은 수의 트랜지스터가 포함되어 있지요. 마이크로 칩은 데이터 처리, 다른 장치와의 통신, 시스템의 구성 요소 제어 등 다양한 작업을 수행하도록 프로그래밍할 수 있습니다. 마이크로 칩은 오늘날 컴퓨터, 스마트폰, TV, 자동차 등 모든 전자 기기에서 사용되는 가장 기본적인 구성 요소입니다.

무어가 예측한 대로 트랜지스터 수가 증가한 마이크로 칩은 더 강력해지고 더 빠

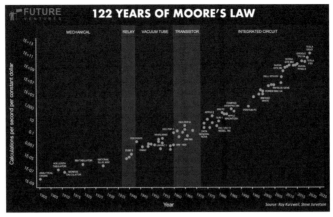

컴퓨터 성능을 지속적으로 증가시키기 위해 새로운 연구와 시도가 계속 이어지고 있어, 앞으로 어떤 새로운 돌파구가 만들어 질지 지켜봐야 할 것이다.

른 속도로 많은 데이터를 처리할 수 있게 되었습니다. 이로 인해 더 높은 성능을 지닌 컴퓨터를 개발할 수 있게 되었고, 스마트폰과 자율주행차를 비롯한 다양한 마이크로 칩 기반의 신제품들이 출시되었습니다.

무어의 법칙은 경험적 법칙이지만, 이 법칙이 신뢰를 얻으면서 기술 산업의 발전 방향과 속도를 예측하는 데 중요한 도구로 작용했습니다. 이로 인해 기업들은 제품 연구 및 개발, 투자 계획을 더욱 효과적으로 세울 수 있었습니다. 하지만 최근 들어 마이크로 칩이 지닌 물리적 크기와 전력 소비의 한계로 인해 트랜지스터 밀도를 계속 증가시키기가 어려워지면서, 무어의 법칙은 도전에 직면했습니다.

그러나 반도체 제조를 위한 새로운 재료나 새로운 아키텍처(물리적 구조와 논리적 설계), 양자 컴퓨팅과 같은 새로운 컴퓨팅 패러다임에 대한 관심은 높습니다. 따라서 설령 무어의 법칙에 담긴 발전 속도가 다소 느려진다고 하더라도 반도체 기술 개발 자체는 멈추지 않을 것입니다.

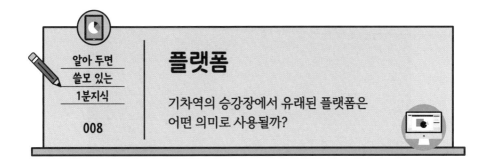

알아 두면
쓸모 있는
1분지식

008

플랫폼

기차역의 승강장에서 유래된 플랫폼은
어떤 의미로 사용될까?

플랫폼Platform은 우리가 소프트웨어와 서비스를 이용할 때 항상 배경에서 작동하고 있습니다. 플랫폼이라는 단어는 원래 어떤 곳을 오르내리거나 건너다닐 때 발을 디디기 위해 설치해 놓은 장치, 또는 다른 곳에 진출하기 위해 이용하는 수단이라는 의미를 지녔습니다. 이와 같은 맥락으로 기차역에서 승객이 타고 내리는 장소, 즉 승강장을 뜻하는 말로 쓰이고 있으며 지금도 플랫폼이라고 하면 기차역 플랫폼을 가장 먼저 떠올리는 사람이 많습니다.

시간이 흐르면 언어의 뜻도 바뀝니다. 컴퓨터가 대중화되면서 IT 업계에서는 플랫폼을 '컴퓨터 시스템의 기반이 되는 하드웨어 또는 소프트웨어'라는 의미로 사용하기 시작합니다. 하드웨어 플랫폼은 다른 제품의 기반이 되는 부품 또는 완제품 형태의 플랫폼입니다. 하드웨어 플랫폼의 대표적인 사례로, PC에 탑재되어 두뇌 역할을 수행하는 CPU나 모바일 기기에서 CPU와 유사한 역할을 수행하는 AP를 꼽을 수 있습니다.

소프트웨어 플랫폼은 개발자들에게 애플리케이션 개발 환경과 실행 환경을 동시에 제공하는 독특한 특징을 가지고 있습니다. 이는 특정한 작업을 수행하기 위해 만들어진 일반적인 소프트웨어와 구분되는 주요 차이점입니다. 소프트웨어 플랫폼의 대표적인 사례는 운영체제이며 윈도우, iOS 등이 있습니다.

인터넷이 등장하고 대중화됨에 따라 인터넷 서비스에도 플랫폼이라는 용어를 사

IT 플랫폼은 하드웨어와 소프트웨어가 모여 다양한 서비스를 제공하는 공간이고, 기차역 플랫폼은 열차가 출발하고 승객이 승하차하는 공간이다. 둘 다 '기반' 역할을 한다는 공통점이 있다.

용하게 됩니다. 인터넷 서비스 플랫폼은 인터넷 공간에서 구동되며 사용자들을 매개하는 플랫폼을 의미합니다. 이를 통해 사용자들은 커뮤니케이션을 나누고 관심사를 공유할 수 있으며, 물건을 거래하거나 구인·구직 활동을 하기도 하고 부동산까지도 거래하지요. 네이버, 카카오톡, 인스타그램, G마켓 등과 같은 포털, 메신저, 소셜미디어, 전자상거래 사이트들이 대표적인 인터넷 서비스 플랫폼입니다.

이처럼 플랫폼은 무언가를 만들거나 작동시키는 기반이 되며, 매개를 통해 더 큰 부가가치를 만들어냅니다. 앞으로 새로운 응용 사례들이 계속 추가되면서 플랫폼이 우리 삶에서 차지하는 중요도는 더욱 커질 것입니다.

앞서 살펴본 하드웨어, 소프트웨어, 인터넷 플랫폼의 세 가지 유형과 성격은 다르지만, 게임 업계에는 플랫폼 게임 또는 플랫포머Platformer라는 용어가 있습니다. 플랫폼 게임이란 장애물을 피하면서 점프하고 이동해 목표에 도달하는 게임을 의미합니다. 플랫폼이 지닌 '다양한 활동을 하기 위한 기반'이라는 의미가 담겨 있지요. 슈퍼마리오가 대표적인 플랫폼 게임입니다.

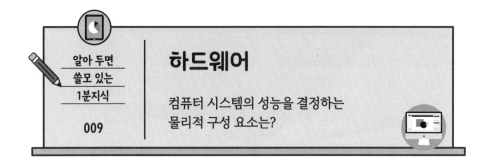

# 하드웨어

컴퓨터 시스템의 성능을 결정하는
물리적 구성 요소는?

하드웨어Hardware는 사용자가 상호작용하는 컴퓨터 시스템의 물리적 구성 요소입니다. 컴퓨터 시스템의 성능은 주로 하드웨어에 의해 결정됩니다. 일반적으로 더 강력한 하드웨어 구성 요소를 사용하면 복잡한 작업을 더 빠르게 수행할 수 있습니다. 하드웨어는 그 역할에 따라 몇 가지 유형으로 구분할 수 있습니다.

입력장치는 사용자가 데이터나 명령을 컴퓨터 시스템에 입력할 수 있게 해주는 하드웨어 장치로 키보드, 마우스, 터치패드, 스캐너, 마이크, 카메라, 게임패드 등이 있습니다. 입력장치는 사용자가 컴퓨터 시스템과 상호작용하고 다양한 작업을 지시하는 데 중요한 역할을 담당합니다.

출력장치는 컴퓨터 시스템에서 데이터를 표시하거나 출력하는 하드웨어 장치로 모니터, 프린터, 스피커, 프로젝터, 헤드폰 등이 있습니다. 출력장치를 통해 사용자는 작업 결과를 보거나 듣고 느낄 수 있습니다.

처리장치는 연산 또는 기타 처리 작업을 수행하는 하드웨어 장치로 CPU, GPU 등이 있습니다.

기억장치는 컴퓨터의 내부 메모리로, CPU가 빠르게 접근할 수 있도록 데이터와 명령어를 일시적으로 보관하는 역할을 합니다. 램Random Access Memory, RAM이 대표적입니다.

저장장치는 데이터나 프로그램을 저장하고 검색할 수 있는 하드웨어 장치로

HDD, SSD, USB 플래시 드라이브 등이 있습니다. 램을 주기억장치, HDD와 SSD 등을 보조기억장치라고 부르기도 합니다.

통신장치는 컴퓨터가 다른 장치와 통신할 수 있도록 하는 하드웨어 장치로, 네트워크 인터페이스 카드NIC, 인터넷 공유기 등이 있습니다.

전원공급장치Power Supply Unit, PSU는 모든 하드웨어 구성 요소에 전원을 공급하는 컴퓨

컴퓨터 시스템의 성능과 기능은 주로 하드웨어 구성 요소에 의해 결정된다. CPU의 속도, RAM의 용량, 저장장치의 속도는 모두 시스템 성능에 큰 영향을 미친다.

터의 필수적인 하드웨어 장치입니다. 안정적인 전원공급장치는 다른 구성 요소를 보호하고 효율적인 성능을 보장합니다.

마더보드MotherBoard는 명칭에서 알 수 있듯이 컴퓨터 본체를 구성하는 핵심 부품 중 하나로 컴퓨터의 다른 모든 구성 요소를 연결하고 데이터를 주고받으며 제어하는 회로 기판입니다. 메인보드MainBoard라고도 불립니다.

하드웨어 구성 요소는 내부 또는 외부로 분류할 수 있습니다. 내부 하드웨어는 CPU, 마더보드 등 컴퓨터 시스템 내부에 장착되는 장치를 말하며 외부 하드웨어는 모니터, 프린터 등 컴퓨터 시스템 외부에 부착되는 장치를 뜻합니다.

# CPU

컴퓨터의 두뇌는 어떻게 움직일까?

CPUCentral Processing Unit는 중앙처리장치라고 하여 우리가 사용하는 모든 컴퓨터에 기본적으로 사용되는 중요한 요소입니다. CPU는 컴퓨터에서 연산, 제어 등의 기능을 처리합니다. 인간의 두뇌가 생각뿐만 아니라 신체의 각 부위까지도 제어하는 것처럼 CPU도 연산을 수행하고 다양한 주변 장치와 연결되어 컴퓨터 하드웨어 전반을 제어합니다. 대표적인 CPU 제조사와 주요 제품으로 인텔 코어 i 시리즈, AMD 라이젠AMD Ryzen을 꼽을 수 있습니다.

CPU는 명령어를 실행하고 시스템을 제어합니다. 이를 위해 CPU는 프로그램의 명령어를 읽어서 해석하고 실행하면서, 필요한 데이터를 메모리에서 가져와 연산을 수행하고, 그 결과를 저장하거나 출력합니다.

CPU에서 기본 연산을 수행하는 중심부를 코어Core라고 합니다. 코어는 CPU에 여러 개 존재할 수 있으며 코어가 많을수록 CPU 성능이 높아집니다. 코어의 수에 따라 싱글코어(1개) 멀티코어(2개), 쿼드코어(4개), 헥사코어(6개), 옥타코어(8개) 등으로 구분합니다.

CPU의 명령어 실행 과정을 좀 더 구체적으로 살펴보면, CPU는 먼저 주기억장치(메모리)에서 다음에 실행할 명령어를 읽은 다음에 레지스터Register에 저장합니다. 레지스터란 CPU 내에 존재하는 고속 메모리로, 명령 실행을 위해 필요한 데이터를 일시적으로 저장하는 공간이며 CPU 내부에 있어 속도가 매우 빠릅니다.

AMD 라이젠은 AMD의 데스크톱이나 노트북용 CPU 브랜드로, 2017년 3월 첫 세대 발매 이후 우수한 성능으로 인텔 CPU와 경쟁하며 인기를 끌고 있다.

그다음에 CPU는 명령어를 해석해 어떤 연산을 수행할지 결정합니다. CPU는 연산을 수행한 후 결괏값을 주기억장치에 저장하거나 출력장치에 전달합니다. 이같이 명령어를 처리한 후 다음 명령어로 넘어가는 과정을 빠르게 반복함으로써 프로그램을 수행하지요. CPU에 따라서는 초당 수십억 번의 명령어 처리가 가능합니다.

CPU는 컴퓨터 시스템의 여러 부분과 통신하며 하드웨어를 제어합니다. CPU는 입력장치, 출력장치, 주기억장치, 보조기억장치(하드디스크, SSD 등)를 비롯해 컴퓨터에 장착된 여러 하드웨어 장치와 데이터를 주고받으면서 명령을 내립니다. CPU는 하드웨어 장치들의 상태와 동작 여부를 모니터링하고 입출력 요청을 관리하고 오류나 예외 상황을 처리합니다.

또한 CPU는 운영체제와 협력해 프로세스Process의 동작을 관리합니다. 프로세스는 컴퓨터에서 실행 중인 프로그램을 뜻하는데, 프로그램이 실행되면 프로세스 형태로 메모리에 적재되어 CPU의 제어를 받게 됩니다. CPU는 프로세스의 우선순위와 요구량에 따라 CPU 시간과 여러 하드웨어 자원을 할당하고 프로세스가 종료되면 자원을 회수합니다.

# GPU

게임에 필수적인 장치가 인공지능
분야에도 쓰이는 이유는?

그래픽처리장치라는 의미의 GPUGraphic Processing Unit는 컴퓨터 시스템에서 CPU와 다른 독특한 역할을 수행합니다. GPU는 그래픽 정보를 처리하기 위해 특별히 설계된, 특히 3D 모델링에 특화된 칩입니다. 3D 모델링이란 x, y, z 축을 통해 너비, 높이, 깊이와 같은 공간적인 3개의 차원, 즉 3D 공간에 입체적인 모형을 만드는 과정을 뜻합니다.

GPU라는 용어가 등장하기 이전에는 그래픽 연산을 담당하는 칩을 비롯해 메모리, 쿨러, 회로 기판 등을 모두 포함하는 장치를 그래픽 카드, 비디오 카드, 디스플레이 어댑터 등으로 불렀습니다. 그런데 1999년 엔비디아NVIDIA에서 지포스256GeForce 256을 공개하며 '세계 최초의 GPU'라고 홍보하면서 GPU라는 명칭이 대중적으로 사용되기 시작했습니다.

GPU는 크게 내장형과 외장형으로 구분할 수 있습니다. 내장형 GPU는 CPU와 같은 칩에 내장되어 있으며, 전력 소모량이 적고 공간을 절약할 수 있지만 성능이 낮고 CPU와 메모리를 공유해 시스템이 사용할 수 있는 메모리가 줄어듭니다. 외장형 GPU는 별도의 칩과 회로 기판에 장착되어 있으며, 내장형 GPU보다 전력 소모량이 많고 공간을 차지하지만 성능이 높고 별도의 빠른 메모리가 장착되어 있습니다.

GPU는 용도에 따라 몇 가지 유형으로 나뉩니다. 예를 들어, 게임용으로 사용하는 GPU는 고화질의 3D 게임 그래픽을 실시간으로 처리하는 데 최적화되어 있으며,

GPU는 게임뿐만 아니라 인공지능, 자율주행차 등 다양한 분야에 활용되고 있어 시장 전망이 매우 밝다.

워크스테이션용 GPU는 공학, 디자인, 애니메이션 등의 전문적인 작업을 수행하는 데 최적화되어 있고, 인공지능 학습용 GPU는 대량의 데이터를 병렬로 처리하는 인공지능 학습에 최적화되어 있습니다.

　GPU는 인공지능 분야의 핵심 부품 중 하나입니다. 과거에는 GPU를 주로 게임, 그래픽, 비디오 작업 등에 이용하였으나, 최근에는 GPU의 대규모 병렬 처리 연산 능력을 활용하여 인공지능 시스템에서 데이터를 대량으로 처리하는 용도로도 널리 사용되고 있습니다.

　GPU 제조사로는 엔비디아와 AMD가 양대 축을 형성하고 있습니다. 엔비디아는 지포스 RTX 시리즈로 GPU 시장의 강자로 자리매김하고 있으며, AMD는 라데온 RXRadeon RX 시리즈로 나름의 시장을 차지하고 있습니다. 인텔은 그간 CPU 내장 그래픽에 주력을 해왔으나, 2022년부터 아크ARC라는 브랜드로 외장형 GPU를 출시하면서 본격적으로 GPU 시장 경쟁에 뛰어들었습니다.

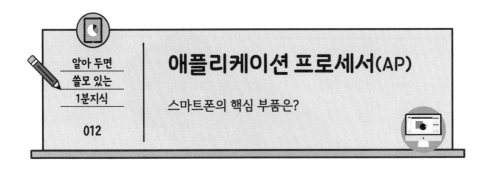

# 애플리케이션 프로세서(AP)

## 스마트폰의 핵심 부품은?

스마트폰의 성능은 대부분 애플리케이션 프로세서Application Processor, AP의 성능에 달려 있습니다. AP는 스마트폰 및 태블릿과 같은 모바일 기기에 필요한 다양한 작업을 처리하도록 설계된 SoC입니다. SoCSystem on a Chip란 전자 시스템의 여러 구성 요소를 단일한 칩에 통합한 것을 말합니다. 모바일 기기에서 운영체제를 실행하고 애플리케이션과 사용자 인터페이스를 관리하는 핵심 부품이지요.

AP는 프로그램을 실행하고 멀티미디어 콘텐츠를 재생하며 전력 소비를 관리하고 보안을 담당하는 등 모바일 기기에서 다양한 작업을 수행합니다. 이를 위해 AP는 CPU, GPU, 메모리 컨트롤러, 입출력I/O 인터페이스, 보안 모듈, 기타 특수 하드웨어 가속기 등으로 구성됩니다.

AP의 CPU는 스마트폰의 핵심 부품으로 명령 실행과 연산을 담당하며, 멀티코어를 사용해 효율적으로 작업합니다. GPU는 이미지 처리와 비디오 재생 등을 처리하고, 메모리 컨트롤러는 기기의 메모리 접근을 관리합니다. 입출력 인터페이스는 주변 장치와 통신을 담당하고, 보안 모듈은 암호화와 보안 기능을 처리합니다. 아울러 AP에는 특수 하드웨어 가속기가 포함되어 성능을 개선하고 전력 소비를 줄입니다.

AP가 일반적인 CPU 또는 GPU와 다른 점은 하나의 칩에 CPU, GPU, 메모리 컨트롤러, 입출력 인터페이스 등 여러 구성 요소가 통합되어 있어 공간 및 전력 소비를 줄였다는 점입니다. AP는 모바일 기기에서 자주 사용되는 작업에 특화된 하드웨

AP는 모바일 기기의 핵심 부품으로, 기기의 기능, 성능, 비용, 전력 소비를 결정하는 데 가장 중요하다.

어 가속기를 포함하여 이미지 처리, 오디오 처리, 인공지능 처리 등에 최적화된 성능을 제공합니다. 또한 AP에는 하드웨어 기반의 보안 기능이 포함되어 있어 악성코드로부터 기기를 보호하는 데 도움을 줍니다.

AP는 모바일 기기 특성상 고성능과 저전력 사이에서 균형을 잘 유지해야 하기에 에너지 사용을 최적화하는 전원 관리 기능이 포함되어 있습니다. 그 외에도 AP에는 구성에 따라 이동통신, 와이파이, 블루투스 등의 무선 연결과 다양한 센서가 포함되기도 합니다.

AP 제조사와 제품으로는 퀄컴Qualcomm의 스냅드래곤Snapdragon이 잘 알려져 있으며 삼성, 애플, 미디어텍MediaTek도 세계에서 인기 있는 AP 제조사들입니다.

# 입력장치

키보드, 마우스, 터치스크린 등에
센서 기술이 왜 중요할까?

입력장치는 데이터와 명령을 컴퓨터에 입력하는 데 사용되는 물리적 요소로, 우리가 컴퓨터와 상호작용하는 데 매우 중요합니다. 어떤 입력장치를 사용하는지에 따라 컴퓨터를 사용하는 편리성이 크게 달라질 수 있기 때문입니다. 사용자는 입력장치를 통해 컴퓨터를 제어하기 때문에 입력장치는 각종 작업, 프로그래밍, 엔터테인먼트 및 게임에 이르기까지 다양한 애플리케이션을 이용하는 데 필수적인 장치입니다.

사용자가 컴퓨터에 데이터 및 명령을 입력하는 방식은 입력장치의 유형에 따라 키 누름 감지(키보드), 움직임과 클릭 감지(마우스), 화면 터치 감지(터치스크린), 이미지 입력(스캐너), 오디오 입력(마이크), 바코드 입력(바코드 스캐너) 등 다양한 형태가 있습니다. 입력받는 데이터 형식도 텍스트, 이미지, 오디오 등 다양합니다.

키보드와 마우스 같은 입력장치의 작동 원리는 디자인과 기능에 따라 차이가 있지만, 일반적으로 다음과 같은 과정을 거칩니다. 키보드에서 키를 누르거나 마우스를 움직이면, 입력장치는 이를 컴퓨터가 이해할 수 있는 디지털 신호로 변환합니다. 이 데이터는 유선 또는 무선으로 연결된 컴퓨터로 전송되지요. 컴퓨터는 이 입력 데이터를 받아 운영체제와 소프트웨어에 맞게 처리하며, 특정 작업을 수행하거나 나중에 사용할 수 있도록 저장합니다. 다른 입력장치도 유사한 방식으로 작동합니다.

시장에서는 키보드, 마우스 등과 같은 전통적인 입력장치 외에도 새로운 기술 및 디자인을 반영한 제품이 계속 출시되고 있습니다. 그중 하나는 게임용으로 특별히

마이크로소프트가 선보인 XBOX 게임패드는 게임과 상호작용할 수 있는 다양하고 직관적인 방법을 제공해 게이머들에게 큰 인기를 끌고 있다.

설계된 입력장치인 게임패드Gamepad입니다. 게임패드는 플레이어가 캐릭터를 조작하고 게임 세계와 상호작용할 수 있도록 버튼과 트리거를 갖추고 있습니다. 미래에는 BCIBrain-Computer Interface라고 해서 뇌의 전기적 활동 패턴을 감지해 생각만으로 컴퓨터 시스템을 제어할 수 있는 입력장치도 대중화될 것으로 전망됩니다.

입력장치의 발전에 중요한 역할을 담당하는 게 센서Sensor 기술입니다. 센서는 빛, 소리, 압력, 온도, 움직임 또는 기타 환경 요인과 같은 물리적 현상을 감지하고 측정하는 데 사용되는 입력장치의 구성 요소입니다. 사용자의 물리적 동작이나 움직임을 감지하고 이를 컴퓨터에서 처리할 수 있는 디지털 신호로 변환하는 핵심 부품이지요.

센서 기술의 발전으로 더 자연스럽고 직관적인 방식으로 컴퓨터 시스템과 상호작용할 수 있게 되었습니다. 센서 기술이 더욱 발전하면 몰입감 높고 매력적인 디지털 경험을 제공하는 혁신적인 입력장치가 등장하게 될 것입니다.

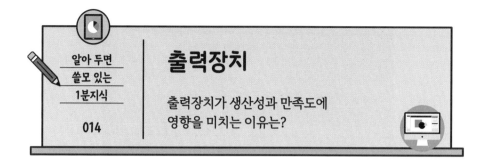

# 출력장치

출력장치가 생산성과 만족도에
영향을 미치는 이유는?

출력장치는 컴퓨터가 사용자나 다른 시스템에 정보를 표시, 인쇄, 전송할 수 있도록 하는 하드웨어 장치입니다. 컴퓨터가 생성한 정보를 확인하고 사용자와 상호작용한 결과를 확인하기 위해 필수적인 장치이지요. 그러므로 좋은 출력장치는 우리에게 더 생생한 경험을 제공합니다.

출력장치는 어떤 형식으로 출력하는가에 따라 시각적 출력장치(디스플레이라고도 부르며 모니터, 프로젝터 등이 있습니다), 오디오 출력장치(스피커, 헤드폰), 인쇄 출력장치(프린터), 촉각 출력장치(게임패드의 햅틱 피드백) 등으로 구분할 수 있습니다. 출력장치의 작동 방식은 장치의 디자인과 사용 기술에 따라 다릅니다.

출력장치는 컴퓨터로부터 데이터를 수신하여 사용자나 다른 시스템이 이해할 수 있는 형식으로 변환한 후 출력합니다. 예를 들면, 모니터는 그래픽 카드와 케이블로 연결되어 있으며 해상도, 픽셀, 색상, 새로고침 빈도 등의 데이터를 그래픽 카드로부터 수신합니다. 모니터는 수신한 데이터를 자체 내장 회로를 통해 해석하고 그에 따라 적절한 텍스트, 이미지, 비디오를 표시하지요. 이처럼 모니터와 그래픽 카드는 함께 작동하면서 컴퓨터의 시각적 출력을 처리합니다.

스피커는 컴퓨터에서 오디오 신호를 수신하고 이를 음파로 변환해 출력하는 방식으로 작동합니다. 프린터는 컴퓨터에서 수신한 데이터를 해석하고 프린트 헤드를 이동하면서 잉크나 토너를 용지에 도포하는 방식으로 출력물을 만듭니다.

홀로그래픽 디스플레이를 이용하면 의료, 건축, 엔지니어링, 디자인과 같은 분야에서 환자의 장기, 건물, 제품 등의 3D 모델을 실감 나는 영상으로 확인할 수 있다.

출력장치의 기능과 품질은 사용자의 컴퓨터 사용 환경에 상당한 영향을 미칩니다. 만일 그래픽 디자이너가 고해상도를 제공하고 색상 정확도가 높은 고품질 모니터를 사용하면 생산성과 작업 만족도를 높일 수 있겠지요. 반면에 해상도와 색상 정확도가 낮은 저품질 모니터를 사용하는 경우에는 생산성을 저하하고 눈의 피로를 쉽게 유발합니다.

어떤 출력장치가 중요한가는 사용자의 선호도와 목적 그리고 사용 중인 애플리케이션에 따라 다를 수 있습니다. 예를 들어, 문서를 많이 출력하는 비즈니스 환경에서는 일반 가정과 비교해 프린터가 더 중요한 출력장치가 될 것입니다. 만일 시각 장애가 있는 사용자가 컴퓨터를 사용한다면 점자 디스플레이, 텍스트 음성 변환 장치 등과 같은 특수 출력장치가 중요하겠지요.

디지털 콘텐츠 이용이 늘어나면서 기존의 디스플레이 및 오디오 시스템을 넘어 공중에 떠 있는 것처럼 입체 영상을 보여 주는 홀로그래픽Holographic 디스플레이, 스마트 안경 등과 같은 새로운 출력장치도 계속 등장하고 있습니다.

# 4K와 8K

## 내 용도에 맞는 화면 해상도는?

화면 해상도는 모니터, TV와 같은 디스플레이에서 표시되는 가로 및 세로 픽셀 수를 나타냅니다. 픽셀Pixel은 이미지를 구성하는 최소 단위인 화소를 의미하는데, 화면에 표시되는 텍스트, 이미지, 비디오, 기타 모든 콘텐츠는 픽셀로 구성되어 있지요. 따라서 화면 해상도는 사용자에게 제공하는 시각적 정보의 양과 질에 큰 영향을 미칩니다.

각 픽셀은 서로 다른 색상을 표시할 수 있으며 함께 모여 완전한 이미지를 형성합니다. 픽셀 밀도는 이미지의 품질과 선명도를 결정하는 중요한 요소인데, 픽셀 밀도가 높을수록 더 많은 처리를 해야 하기에 고성능 하드웨어가 필요합니다.

화면 해상도에는 다양한 종류가 있는데, 주로 사용하는 유형을 위주로 살펴보겠습니다. SDStandard Definition는 720×480 픽셀로, 아날로그 및 초기 디지털 TV에 사용되던 해상도입니다. 현시점에서는 낮은 해상도라서 거의 사용되지 않으며 구형 TV, DVD 플레이어 등 일부 장치에서만 사용됩니다.

HDHigh Definition는 1280×720 픽셀인데, SD와 비교해 고해상도라는 명칭을 사용했지만 현시점에서 일반적으로 사용되는 해상도 중에서는 가장 낮은 편입니다. 보급형 TV, 모니터, 노트북 등에서 사용됩니다. FHDFull High Definition는 1920×1080 픽셀로, 1080p라고도 부르며, 고화질 비디오의 표준 해상도입니다. 중급 TV, 모니터, 노트북 등에서 사용됩니다. QHDQuad High Definition는 2560×1440 픽셀로, 1440p라고

필요한 화면 해상도는 목적에 따라 다르며, 그래픽 디자이너나 사진작가의 경우에는 4K나 8K 디스플레이가 필요할 수 있지만 일상적인 작업에는 FHD나 QHD로도 충분하다.

도 부르며 중고급 모니터, 스마트폰, 태블릿 등에서 사용됩니다.

4K는 3840×2160 픽셀인데, 사용되는 픽셀 수가 FHD의 4배에 달합니다. 4K라는 명칭은 가로 픽셀 수가 약 4,000개라는 의미에서 붙여졌습니다. 수치가 정확히 일치하지는 않지만, 소비자 마케팅 차원에서 붙인 이름이지요. 4K는 UHD<sup>Ultra High Definition</sup>라고도 불리며, 오늘날 고급 TV, 모니터, 프로젝터는 물론 전문 비디오 제작 및 디지털 영화에도 널리 사용됩니다. 4K 디스플레이는 더 선명하고 상세한 이미지를 제공하지만, 4K 콘텐츠를 보려면 4K를 지원하는 디스플레이와 4K로 제작된 콘텐츠가 모두 필요합니다.

8K는 7680×4320 픽셀을 말하며, 현재 소비자 디스플레이에서 사용하는 최고 해상도입니다. 픽셀 수가 4K의 4배, FHD의 16배에 달하며 일부 고급형 TV와 모니터에서 사용되지요. 8K는 놀랍도록 선명한 화면을 제공하지만, 디스플레이 가격이 비싸며 8K 콘텐츠가 부족하다는 문제가 있습니다. 하지만 소비자들 사이에서 8K에 대한 관심이 높아지고 있고 8K 디스플레이들이 계속 늘어나고 있어 시간이 흐르면 시장의 주류가 될 것으로 전망됩니다.

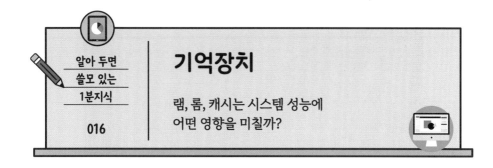

# 기억장치

램, 롬, 캐시는 시스템 성능에
어떤 영향을 미칠까?

기억장치는 우리가 컴퓨터에서 다루는 데이터를 기억하고 관리합니다. 작업을 위해 자주 액세스해야 하는 프로그램과 데이터를 저장하는 데 사용하는 전자 부품이지요. 메모리Memory라고도 불리며 컴퓨터 시스템의 필수적인 구성 요소입니다. 기억장치는 바이트 단위로 측정되는데, 가장 일반적인 단위는 KB, MB, GB, TB입니다.

컴퓨터 시스템에서 사용하는 기억장치에는 몇 가지 유형이 있습니다. 램은 컴퓨터 시스템에서 사용되는 가장 일반적인 유형의 기억장치로, 현재 사용 중인 명령 및 데이터를 임시로 저장하는 데 사용됩니다. 램의 주요 이점은 속도가 빠르고 읽기 및 쓰기가 가능하다는 점입니다. 하지만 휘발성 메모리이기 때문에 전원이 꺼지면 내용이 사라집니다.

사용자가 하드 디스크 드라이브와 같은 저장장치에 보관된 프로그램을 실행하면 필요한 명령과 데이터가 램에 로드되는데, 그러면 훨씬 빠른 속도로 사용할 수 있게 됩니다. 램은 컴퓨터 시스템의 성능을 결정하는 데 중요한 역할을 수행합니다. 램이 많으면 더 많은 데이터를 로드하고 여러 프로그램을 동시에 실행할 수도 있습니다. 그래픽 디자인, 비디오 편집 등 컴퓨터 자원을 많이 사용하는 작업을 하는 경우에는 램이 많이 필요하지요.

롬Read-Only Memory, ROM은 수정되지 않는 영구 데이터를 저장하는 데 사용되는 기억장치입니다. 롬에 저장된 내용은 제조 공정 중에 기록되며 사용자가 변경할 수 없

램의 속도와 효율성은 클럭 속도(초당 데이터 전송 횟수), 메모리 버스(한번에 전송할 수 있는 데이터양), 대기시간(요청에 응답하는 데 걸리는 시간) 등 여러 요인에 의해 결정된다.

습니다. 롬은 램과 달리 비휘발성이기 때문에 전원이 꺼져도 내용이 그대로 유지됩니다. 롬은 시스템 부팅, 펌웨어Firmware(장치를 제어하기 위해 내장된 소프트웨어) 보관 등에 사용됩니다.

캐시Cache는 빠르게 액세스하기 위해 자주 사용하는 데이터를 보관하는 고속 기억장치입니다. 캐시는 여러 부분에서 사용되는데, CPU의 경우에는 램에서 데이터를 가져올 때 걸리는 대기시간을 줄이기 위해 캐시를 사용합니다. 캐시는 CPU와 램 사이에 위치하며 램보다 액세스 속도가 훨씬 빠르지만 고가라서 용량이 작습니다. 캐시를 이용하면 자주 사용하는 데이터에 더 빨리 액세스할 수 있어 시스템 성능이 향상되지요.

이처럼 기억장치, 그중에서도 특히 램은 명령과 데이터를 빠르게 효율적으로 저장하고 액세스할 수 있도록 해주는 컴퓨터 시스템의 중요한 구성 요소입니다.

# 하드 디스크 드라이브(HDD)

최신 기술로 만든 드라이브가
항상 더 좋을까?

우리가 컴퓨터에서 작업하는 모든 것은 저장장치에 저장됩니다. 저장장치는 데이터를 저장하고 검색하는 데 사용되는 하드웨어 장치입니다. 램은 속도가 빠르지만 컴퓨터의 전원을 끄면 데이터가 사라지는데, 저장장치는 상대적으로 속도는 느리지만 컴퓨터가 꺼져도 데이터가 사라지지 않고 유지됩니다.

저장장치의 목적은 나중에 필요할 때 사용할 수 있도록 데이터를 보존하는 것입니다. 저장장치의 속도는 데이터를 읽거나 쓸 수 있는 속도를 나타내며 초당 메가바이트MB/s 또는 초당 기가바이트GB/s로 측정됩니다.

하드 디스크 드라이브Hard Disk Drive, HDD는 줄여서 하드 또는 하드 디스크라고도 하는데, 회전하는 플래터Platter를 사용해 데이터를 자기적으로 저장하는 전통적인 저장장치입니다. 플래터는 하드 디스크 드라이브에서 기본 저장매체 역할을 하는 원형의 디스크입니다. 플래터는 여러 개가 쌓여 있고, 보통 5,400~1만 5,000 RPMRevolutions Per Minute(분당 회전수)의 빠른 속도로 돌면서 데이터를 읽거나 저장합니다.

일반적으로 RPM이 높은 하드 디스크 드라이브는 속도가 빠른 편이나 소음과 진동이 더 크게 발생할 수 있습니다. 하드 디스크 드라이브의 규격은 여러 가지가 있고, 다른 유형의 저장장치에 비해 용량이 크며 상대적으로 저렴합니다. 데이터를 저장하는 방식에 따라 CMR, PMR, SMR 등으로 구분합니다.

하드 디스크 드라이브는 수십 년 동안 컴퓨터의 기본 저장장치였으며 고용량, 장기적인 안정성, 용량 대비 저렴한 가격을 제공해 앞으로도 대용량 데이터 저장장치로서 계속 역할을 담당할 것으로 전망된다.

CMRConventional Magnetic Recording 방식은 하드 디스크 드라이브가 사용하는 전통적인 자기 기록 기술입니다. PMRPerpendicular Magnetic Recording 방식은 CMR에 비해 더 많은 데이터를 저장할 수 있고 신뢰성도 더 높습니다.

최근 늘어나고 있는 SMRShingled Magnetic Recording 방식은 새로운 데이터를 저장하기 위해 부분적으로 겹친 트랙을 생성하여 이전 트랙에 덧붙이는 방식으로 데이터를 저장하는 기술입니다. SMR은 기존에 저장된 데이터를 수정하거나 삭제하는 경우 추가적인 작업이 필요하므로 저장 속도가 느리고 성능이 하락할 수도 있습니다. 하지만 같은 용량의 하드 디스크 드라이브에 더 많은 데이터를 저장할 수 있어 제조사들이 선호하는 방식입니다.

SMR 방식이 비용효율적인 방법일 수는 있지만, 빠른 성능이 필요하다면 유의해야 합니다. 지속해서 데이터를 쓰고 지우는 상황에서는 SMR 방식의 특성상 상당한 속도 저하가 발생할 수 있기 때문입니다.

## SSD

### 하드 디스크보다 빠른 저장장치의 장점과 단점은?

SSDSolid-State Drive는 작고 빠른 저장장치입니다. 컴퓨터에서 파일을 저장하고 불러올 때, 전통적인 하드 디스크 드라이브보다 훨씬 빠르게 작동합니다. 이로 인해 컴퓨터가 켜지는 속도나 프로그램의 실행 속도, 파일을 저장하고 여는 속도도 빠릅니다. 움직이는 부품이 없어서 더 작고 가벼우며 내구성도 좋지요. 하드 디스크 드라이브와 비교하면 가격이 비싼 편이지만 빠른 속도를 제공해 인기가 높습니다.

SSD는 낸드 플래시NAND Flash 메모리를 사용해 데이터를 저장합니다. NAND란 NOT-AND의 약어로, 플래시 메모리를 만드는 기술의 일종입니다. 플래시 메모리는 특별한 기술 덕분에 전원이 꺼져도 데이터가 지워지지 않으며, 수명이 있어 제한된 횟수만 쓸 수 있지만 속도가 빠릅니다. 우리가 흔히 사용하는 USB 메모리 스틱이나 카메라의 메모리 카드에도 낸드 플래시 메모리가 사용됩니다.

낸드 플래시 메모리는 저장 밀도에 따라 SLC, MLC, TLC, QLC 등으로 구분합니다. 셀은 메모리 저장의 기본 단위입니다. SLCSingle-Level Cell는 셀당 1비트의 데이터를 저장하고, MLCMulti-Level Cell는 2비트, TLCTriple-Level Cell는 3비트, QLCQuad-Level Cell는 4비트를 저장합니다. 셀당 저장되는 비트 수는 플래시 메모리의 성능, 내구성, 비용에 영향을 미칩니다. SLC가 가장 빠르고 내구성이 높지만 가장 비쌉니다. 반면에 QLC는 더 느리고 내구성이 떨어지지만 가장 저렴합니다.

SSD에 데이터를 요청하면 컨트롤러가 메모리 칩에서 데이터를 검색해 컴퓨터로

SSD에는 움직이는 부품이 없기 때문에, 회전하는 디스크에서 헤드를 물리적으로 이동해야 하는 하드 디스크 드라이브보다 훨씬 빠르게 데이터를 검색할 수 있으며 내구성이 높아 고장 가능성이 적다.

보내는 방식으로 작동합니다. SSD는 컴퓨터와 어떻게 연결하고 어떤 인터페이스를 사용하는지에 따라 NVMe 방식과 SATA 방식으로 구분할 수 있습니다.

NVMeNon-Volatile Memory Express 방식은 마더보드에 직접 장착되며 SATA 방식보다 전송 속도가 훨씬 빨라 게임이나 비디오 편집처럼 고속으로 데이터를 전송하고 대기시간이 짧은 애플리케이션을 이용할 때 선호됩니다. SATASerial Advanced Technology Attachment는 보다 보편적인 인터페이스로 구형 컴퓨터와도 호환성이 높습니다. 동일한 용량의 제품을 비교하면, 일반적으로 NVMe 방식이 SATA 방식보다 전력을 덜 소비하며 더 빠르며 더 비쌉니다.

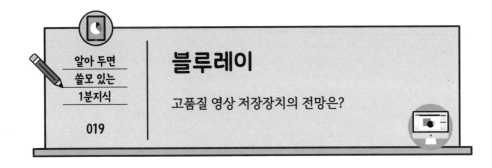

# 블루레이

고품질 영상 저장장치의 전망은?

블루레이Blu-ray는 레이저 기술을 이용해 데이터를 읽고 쓰는 광학 디스크 형태의 저장장치입니다. 블루레이 디스크의 표면은 0과 1로 이루어진 데이터를 저장하는 미세한 홈으로 이루어져 있지요. 블루레이 디스크 플레이어에서 디스크가 회전하면 광학 헤드를 이용해 데이터를 읽고 저장합니다. 블루레이는 기존의 광학 디스크 매체인 CD, DVD보다 더 많은 양의 데이터를 저장할 수 있습니다.

CDCompact Disc에서 블루레이로 이어지는 광학 디스크 기술의 발전은 더 큰 용량과 더 나은 품질을 제공하기 위한 노력의 결과였습니다. CD는 1982년 소니와 필립스에 의해 최초로 출시되었습니다. CD는 레코드판과 오디오 카세트를 대체하도록 설계되었고, 더 작고 내구성이 뛰어나며 음질이 더 좋은 디지털 저장 방식을 채택해 큰 인기를 끌었습니다. CD는 최대 700MB의 데이터를 저장할 수 있습니다.

DVDDigital Versatile Disc는 1990년대 후반에 CD의 후속 제품으로 출시되었습니다. CD에 오디오뿐만 아니라 당시 기준 고품질 비디오를 저장하도록 설계되었고 저장 용량도 많이 증가했습니다. 단일 레이어Layer(디스크를 읽고 쓰는 데 사용하는 얇은 필름) DVD는 최대 4.7GB의 데이터를 저장할 수 있고, 듀얼 레이어 DVD는 최대 8.5GB의 데이터를 저장할 수 있습니다.

블루레이는 DVD의 후속 제품으로 2006년에 도입되었습니다. DVD보다 훨씬 더 큰 용량과 더 나은 비디오 및 오디오 품질을 제공하도록 설계되었지요. 블루레이

블루레이는 DVD에 사용되는 레이저보다 짧은 파장의 레이저를 사용하여 디스크 표면에 더 정확하게 초점을 맞추고 더 좁은 트랙에서 데이터를 읽을 수 있어 더 큰 용량을 지원할 수 있다.

디스크는 듀얼 레이어 디스크에 최대 50GB의 데이터를 저장할 수 있습니다. 또한 최대 HD(1080p) 비디오, 돌비 디지털Dolby Digital 및 DTS-HD와 같은 고급 서라운드 오디오 기술을 지원합니다.

4K UHD 블루레이는 2016년에 도입됐으며 4K 비디오용으로 특별히 설계된 것입니다. 더 넓은 범위의 밝기와 색상을 표시하는 기술인 HDRHigh Dynamic Range을 지원하여 트리플 레이어 디스크에 최대 100GB의 데이터를 저장할 수 있습니다. 이러한 차이로 인해 4K UHD 블루레이는 오리지널 블루레이보다 더 뛰어난 품질의 비디오를 제공합니다.

최근 수년 동안 디지털 스트리밍 및 기타 배포 방법이 대중화되었지만, 블루레이는 영화 애호가 및 고품질 비디오와 오디오를 중요하게 생각하는 사람들에게 여전히 인기 있는 매체입니다. 하지만 물리적 미디어 시장이 빠르게 변하고 있기 때문에 블루레이의 미래는 불확실하며 틈새시장으로 존재할 가능성이 높습니다.

# USB

기기마다 다른 커넥터를 하나로
통합할 수는 없을까?

범용 직렬 버스라는 뜻을 가진 USBUniversal Serial Bus는 다양한 장치를 컴퓨터나 다른 디지털 기기에 연결하는 데 사용되는 공통 인터페이스입니다. 인터페이스란 두 개 이상의 시스템 또는 장치 간의 통신이나 상호작용을 가능하게 하는 일련의 규칙을 뜻하지요. 서로 다른 구성 요소가 원활히 호환 및 작동될 수 있도록 인터페이스를 사용합니다.

USB는 기존의 주변 장치를 컴퓨터에 연결하는 데 사용되던 느리고 복잡한 구형 인터페이스를 대체하기 위해 고안된 기술입니다. 이전에는 프린터, 스캐너, 디지털 카메라와 같은 다양한 주변 장치를 컴퓨터에 연결할 때 직렬 또는 병렬 포트 같은 구형 인터페이스를 사용했습니다. 그러나 이러한 방식은 속도가 느리고 기능 면에서도 제한적이었지요.

구형 인터페이스는 주변 장치를 컴퓨터에 연결하기 위해서 서로 다른 형태의 커넥터와 케이블이 필요했습니다. 따라서 사용자는 많은 종류의 케이블을 보유해야 했습니다. 또한 데이터 전송 속도가 느렸고 한번에 한정된 개수의 장치만 연결할 수 있었습니다. 이로 인해 대용량 데이터를 전송하는 데 시간이 오래 걸려 효율성이 떨어졌습니다. 기기 제조사마다 다양한 인터페이스를 사용했기 때문에 특정 기기가 컴퓨터에 따라 호환되지 않는 문제도 발생했습니다.

USB는 다양한 장치를 지원하면서 더 간단하고 편리하게 연결할 수 있는 범용 인

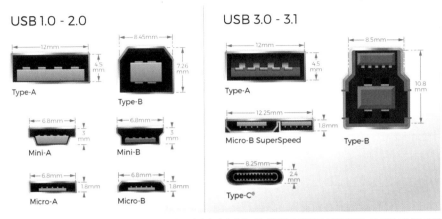

USB는 다양한 기기와 호환성을 제공하고 더 강력하고 편리한 인터페이스를 제공하기 위해 만들어졌으며, 몇 가지 커넥터 유형이 있다.

터페이스로 설계되었습니다. USB의 주요 목표 중 하나는 장치를 종료하지 않고도 쉽게 연결하고 분리할 수 있는 플러그 앤 플레이Plug & Play 기능을 지원하는 것이었습니다. 이를 통해 사용자는 훨씬 더 편리하게 장치를 이용할 수 있지요. USB의 또 다른 장점은 USB 포트를 통해 전력을 공급받기에 별도의 전원 공급장치가 필요 없고 충전도 가능하다는 점입니다.

1996년에 출시된 USB 1.0은 시간이 지남에 따라 속도가 개선되었습니다. 2000년 출시된 USB 2.0은 최대 480Mbps(bps는 초당 전송되는 비트 수를 나타냅니다)와 500mA 전력을 지원해 널리 사용되었습니다. 2008년 출시된 USB 3.0은 최대 5Gbps 속도와 900mA 전력을 지원하며, 이후 출시된 USB 3.1과 3.2는 최대 10Gbps 또는 20Gbps의 속도를 제공합니다. 모든 USB는 하위 호환성이 있어 이전 버전의 장치도 사용할 수 있으며, 최대 127개의 장치를 연결할 수 있습니다. 2019년에 출시된 USB 4.0은 최대 40Gbps 또는 80Gbps의 전송 속도를 지원하는데, USB 4.0을 지원하는 마더보드와 주변 장치가 보급되는 데에는 시간이 필요할 것으로 보입니다.

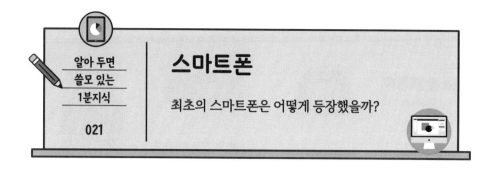

# 스마트폰

최초의 스마트폰은 어떻게 등장했을까?

이제는 사실상 생필품으로 사용하는 스마트폰Smartphone의 역사는 1990년대로 거슬러 올라갑니다. 최초의 스마트폰에 대해서는 약간 논쟁의 여지가 있긴 하지만, 업계에서는 대체로 1993년 출시된 IBM의 사이먼Simon을 꼽습니다.

사이먼은 휴대폰 기능에다 PDAPersonal Digital Assistant 기능을 통합하고 터치스크린, 이메일, 캘린더 등의 기능을 제공했습니다. PDA는 1990년대에 인기를 끌었던 휴대용 전자기기로, 연락처, 일정 및 할 일 목록 관리 등의 기능을 제공했는데 스마트폰으로 인해 지금은 역사 속으로 사라진 제품입니다. 사이먼은 획기적인 기기였지만 비싼 가격과 제한된 기능으로 인해 상업적 성공을 거두지는 못했습니다.

2000년대 초반이 되어서야 RIMResearch In Motion의 블랙베리BlackBerry, 마이크로소프트의 윈도우 모바일Windows Mobile 등이 점차 인기를 끌면서 스마트폰이라는 제품이 알려지고 기기 사용이 늘어나기 시작했습니다. 초기 스마트폰은 웹 브라우저, 이메일을 비롯한 일부 애플리케이션을 지원했으며 주로 업무용으로 이용되는 경우가 많았습니다.

그러던 2007년 애플이 쉽고 편리한 터치스크린을 기반으로 하는 혁신적인 사용자 인터페이스를 도입한 아이폰을 출시했습니다. 애플의 아이폰 출시는 스마트폰이라는 기기를 대중에게 각인시키고 보급하는 계기가 되었기 때문에 스마트폰 역사에서 가장 중요한 전환점으로 여겨지지요.

스마트폰은 이제 우리 생활에서 믿을 수 없을 정도로 중요한 도구가 되었으며 우리가 어디에 있든 연결하고, 정보를 얻고, 즐길 수 있는 방법을 제공한다.

현대 스마트폰의 가장 중요한 기능은 인터넷 연결을 통해 사용자가 다양한 인터넷 서비스 및 애플리케이션을 사용할 수 있다는 점입니다. 불과 20여 년 전까지만 해도 작은 휴대용 기기로 인터넷을 하는 건 상상할 수 없는 일이었지만 이제는 소셜미디어, 온라인 쇼핑, 음악 및 동영상 감상, 생산성 작업 등 수많은 일을 하고 있지요.

최신 스마트폰은 고성능 카메라와 다중 렌즈, 광학 이미지 흔들림 보정, 고급 소프트웨어 처리와 같은 기능을 통해 저조도 환경에서도 고품질 이미지를 생성할 수 있습니다. 또한 다양한 요구를 충족시키는 방대한 앱 생태계, 시리Siri와 같은 가상 비서를 통한 작업 자동화 등을 제공하는 강력하고 다재다능한 기기로 평가받고 있습니다.

스마트폰 주요 제조사로 애플, 삼성전자, 샤오미 등이 있으며 구글도 픽셀Pixel이라는 브랜드로 스마트폰을 판매하고 있습니다. 앞으로 스마트폰은 인공지능을 적극 통합하여 우리 일상에 더욱 중요한 기기로 자리매김할 것입니다.

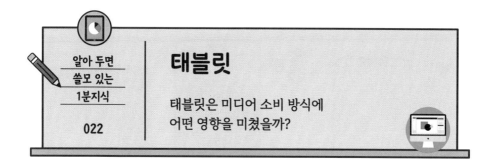

# 태블릿

태블릿은 미디어 소비 방식에
어떤 영향을 미쳤을까?

태블릿Tablet은 스마트폰과 노트북의 중간 지점에 위치하며 이 둘의 장점을 결합한 휴대용 기기입니다. 주요 제품으로 애플의 아이패드iPad, 삼성의 갤럭시탭Galaxy Tab, 레노버의 레노버탭Lenovo Tab 등이 있습니다. 태블릿은 노트북보다 작고 가벼우므로 더 쉽게 휴대할 수 있습니다. 또한 스마트폰보다 큰 디스플레이를 탑재해 더 몰입감 있는 경험을 제공하기에 독서, 비디오 시청 등과 같은 미디어 소비에 적절하지요.

최초의 태블릿은 1989년 그리드GRiD라는 회사에서 출시한 그리드패드GRiDPad입니다. 그리드패드는 터치스크린과 스타일러스 기능을 갖추고서 의료 및 산업 현장에서 사용하도록 설계된 값비싼 기기였는데, 상업적 성공을 거두지 못하고 결국 단종되었습니다.

이후 여러 회사에서 태블릿을 출시했지만 마찬가지로 대중화되지 못하다가, 2010년 애플이 아이패드 첫 번째 제품을 공개했습니다. 아이패드는 출시 전부터 상당한 화제와 기대를 불러일으켰지요. 아이패드는 출시 첫날 30만 개 이상, 출시 첫 달에 100만 개 이상 판매되었으며, 여전히 세계에서 가장 인기 있고 널리 이용되는 태블릿입니다. 고해상도 디스플레이, 강력한 프로세서, 방대한 앱 생태계, 애플 기기와의 연결성이 중요한 강점이지요.

태블릿은 기본적으로 터치스크린 디스플레이를 제공하는데, 더 정확한 입력을 위해 스타일러스Stylus와 함께 사용할 수도 있습니다. 스타일러스란 끝부분에 작고

태블릿은 다용도로 사용할 수 있는 편리한 기기로 인터넷 검색, 앱 실행, 미디어 소비, 생산성 작업을 위해 휴대용 기기가 필요한 사람들에게 인기 있는 제품이다.

뾰족한 팁Tip을 장착한 디지털 펜으로, 이를 이용해 글을 쓰거나 그림을 그릴 수 있습니다. 스타일러스의 작동 방식은 장치마다 조금씩 다르지만, 스타일러스의 팁이 압력을 감지하는 방식이 일반적입니다. 덕분에 정확하고 미세하게 제어할 수 있지요.

스타일러스의 일종인 애플 펜슬Apple Pencil은 아이패드를 위해 특별히 설계된 제품으로, 기존의 스타일러스와 차별화되는 고급 기능을 갖추고 있어 아이패드를 생산성 도구로 이용하는 사용자들에게 필수 도구로 인식되고 있습니다.

그밖에 삼성, 레노버, 샤오미 등 여러 제조사에서 안드로이드 운영체제를 탑재한 태블릿이 다양하게 출시되고 있습니다. 아마존은 안드로이드를 수정한 맞춤형 운영체제를 탑재해 파이어Fire 태블릿을 판매하고 있으며, 가격이 저렴해서 미디어 소비용 기기로 인기를 끌고 있습니다.

태블릿은 화면이 비교적 크고 디스플레이 해상도가 높으며, 배터리 수명도 더 깁니다. 그런 나름의 장점으로 인해 많은 사람이 집안 어디에서나 편하게 넷플릭스, 디즈니 플러스 등으로 영상물을 시청하는 용도로 사용하고 있습니다.

## 스마트 스피커

아마존 에코, KT 기가지니 같은
스마트 스피커는 어떻게 발전할까?

023

스마트 스피커Smart Speaker는 자연어 처리 기술을 통해 사람의 음성 명령을 이해하고 응답하는 인공지능 음성인식 스피커입니다. 스마트 스피커를 통해 가상 비서와 음성 대화를 나누고 질문에 답을 얻거나, 음악을 재생하거나, 알람 등을 설정할 수 있습니다. 또한 스마트 스피커는 조명, 온도 조절 장치, 보안 카메라와 같은 다른 스마트홈 장치와 연결할 수 있어 사용자가 음성만으로 집 전체를 제어할 수 있습니다. 온라인 쇼핑몰에 제품을 주문하고, 전화를 걸고, 메시지를 보내고, 배달 음식을 주문하거나 택시를 부를 때도 사용할 수 있지요.

스마트 스피커는 항상 사용자의 음성 명령을 듣고 있기 때문에 개인정보 유출 및 사생활 침해에 대한 우려가 있습니다. 그러한 우려로 인해 일부 스마트 스피커에는 마이크를 끌 수 있는 물리적 스위치가 내장되어 있기도 합니다.

아마존 에코Amazon Echo는 2014년에 출시된 세계 최초의 스마트 스피커로, 아마존의 가상 비서 알렉사Alexa를 이용할 수 있습니다. 이 기기에는 다수의 마이크가 장착되어 있고, 신호를 특정 기기에 집중시키는 기술인 빔포밍Beamforming을 사용하여 모든 방향에서 음성 명령을 수신합니다.

구글 홈Google Home은 아마존 에코의 경쟁 기기로 2016년 출시됐고 구글의 가상 비서 구글 어시스턴트Google Assistant를 지원합니다. 아마존 에코와 마찬가지로 다양한 스마트홈 장치를 제어할 수 있지요. 현재는 브랜드명을 바꿔 구글 네스트Google

알아 두면
쓸모 있는
1분지식

스마트 스피커는 음악, 오디오북, 팟캐스트 등 엔터테인먼트를 제공하고 개인화 기능을 갖추고 있어, 라이프스타일에 따라 유용하게 사용할 수 있다.

Nest가 되었습니다.

2018년 출시된 애플 홈팟Apple HomePod은 고급 오디오 음질을 강조하는 고급형 스피커로 애플의 가상 비서 시리를 지원합니다. 마찬가지로 2018년 출시된 페이스북 포털Facebook Portal은 디스플레이를 장착해 화상통화 기능을 제공하는데, 이후 회사명을 바꾸면서 제품명도 메타 포털Meta Portal로 변경되었습니다.

국내에서도 네이버, 카카오, SK텔레콤, KT 등 많은 기업이 스마트 스피커를 출시했습니다. 그런데 미국, 한국 시장 모두 초기보다 관심이 줄어든 측면이 있고, 스마트TV나 스마트폰이 스마트 스피커를 대체할 수 있어 앞으로 시장이 더 축소되리라고 예상하는 전문가도 있습니다. 그렇지만 인공지능 기술의 발전으로 음성인식 및 대화 능력이 더욱 개선되고, 가상 비서가 제공하는 기능과 활용성이 많이 늘어나 스마트홈 장치가 더욱 보급되면 지금보다 스마트 스피커 시장이 더 커질 수도 있을 것입니다.

# RFID

고속도로 하이패스에서는 어떻게
통행료가 자동으로 지불될까?

바코드보다 빠르고 정확하게 데이터를 수집할 수 있는 기술이 있습니다. RFIDRadio Frequency Identification는 전파를 이용해 멀리 떨어진 장소에서 물체나 사람을 식별하는 무선통신 기술입니다. 바코드가 가까운 거리에서 빛으로 정보를 인식한다면 RFID는 전파를 이용해 먼 거리에서도 인식이 가능하다는 차이가 있지요.

RFID가 작동하기 위해서는 먼저 대상에 RFID 태그가 붙어 있어야 합니다. RFID 리더는 전파를 보내 태그를 활성화시켜 태그에 저장된 데이터를 감지하고 읽을 수 있습니다. 일반적으로 리더는 출입구 같은 고정된 위치에 설치되어, 태그가 부착된 대상이 지나갈 때 그 정보를 읽습니다.

RFID는 사람이 직접 바코드를 스캔할 때보다 더 빠르며, 식별 과정이 자동화되므로 작업 효율성을 향상시킵니다. 또한 바코드에 비해 긁힘, 먼지, 습기 등으로부터 더 안전하며 상품 및 자산의 보안을 강화해 도난 방지에도 도움이 됩니다.

RFID의 기원은 1939년 영국에서 개발된 피아식별장치Identification Friend or Foe, IFF 인데, 제2차 세계대전 당시 비행기에 부착해 아군과 적군을 식별하는 용도로 만들어졌습니다. 이후 IC칩이 소형화, 고성능화되면서 RFID의 용도가 다양해졌고, 이제는 여러 산업 분야에서 활용되고 있습니다.

대표적인 RFID 활용 사례가 국내 무인 고속도로 요금 징수 시스템 하이패스Hi-pass입니다. 태그 역할을 하는 하이패스 카드를 차량에 장착하면, 고속도로 요금소를

대표적인 RFID 용용 서비스 하이패스는 대기시간과 교통 체증을 줄여 준다.

통과할 때 근처에 설치된 RFID 리더가 차량 정보를 읽어 컴퓨터 시스템에 전달하고, 이를 통해 통행료가 청구되어 자동으로 지불이 이루어집니다.

이 외에도 RFID는 소매, 의료, 물류 등 여러 산업에서 다양하게 응용되고 있습니다. 예를 들면, 유통업체에서는 상점이나 창고에 있는 상품에 태그를 부착해 상품의 위치와 수량을 빠르게 파악할 수 있습니다. 의료 분야에서는 환자 기록을 추적하고 의료 장비를 모니터링하거나 약물 재고를 관리하는 용도로 사용합니다. 반려동물에 태그를 부착해 놓으면 도난당하거나 잃어버린 반려동물을 추적해서 찾는 데 도움이 될 수 있습니다.

이처럼 RFID는 다양한 응용 분야와 이점을 가진 다목적 기술입니다. 앞으로 UWBUltra-Wideband RFID와 같은 매우 낮은 전력으로 광대역 무선통신이 가능한 신기술이 계속 개발됨에 따라 응용 분야가 더욱 확대될 것으로 전망됩니다.

# NFC

스마트폰으로 요금을 결제하는 원리는?

스마트폰으로 간단하게 요금을 결제하거나 카드를 태그해 출입문을 여는 데 사용되는 기술이 NFCNear Field Communication입니다. 근거리 무선통신 기술의 일종인 NFC는 전자기장을 이용해 몇 센티미터 정도의 짧은 거리에서 데이터를 교환할 수 있습니다.

NFC는 이미 실생활에서 많이 사용되고 있는 기술입니다. 대표적으로 비접촉식 결제를 꼽을 수 있습니다. NFC를 지원하는 스마트폰을 이용해 편의점, 식당 등에서 안전하고 편리하게 결제할 수 있습니다. 대중교통을 이용할 때도 NFC를 이용해 간편하게 요금을 지불할 수 있습니다. NFC는 건물, 사무실, 기타 제한구역에서 출입을 통제하거나 가전제품을 제어하고 자동화하는 데에도 이용됩니다.

NFC는 하나의 기기가 전자기장을 발생시키고, 다른 기기가 전자기장 내로 들어오면 데이터를 전송하는 방식으로 작동합니다. 자기장 유도를 통해 통신이 이루어지는데, 장치 간 거리가 가까워지면 자동으로 작동합니다.

NFC의 작동 원리는 RFID와 유사한 면이 있습니다만, 두 기술 간에는 몇 가지 중요한 차이가 있습니다. RFID와 NFC의 가장 큰 차이점은 통신 범위입니다. 일반적으로 RFID는 1미터에서 최대 100미터에 달하는 범위까지 작동하는 반면, NFC는 최대 10센티미터 정도로 훨씬 짧은 범위에서 작동합니다.

또 다른 점은 RFID 태그는 읽기 전용이라 데이터 전송만 가능하지만, NFC 태그

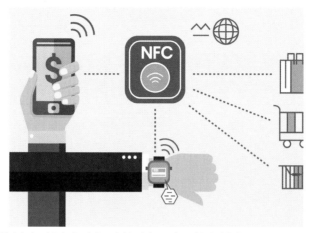

NFC는 주변 환경과 상호작용이 가능하다는 장점을 바탕으로 다른 기술과 결합해 응용 분야를 계속 넓혀가고 있다.

는 읽기 및 쓰기를 할 수 있어 데이터 전송 및 수신이 모두 가능하다는 점입니다. 즉, NFC는 양방향 통신을 지원합니다. RFID는 리더와 태그가 따로 구성되지만, NFC는 한 장치가 리더와 태그 기능을 모두 수행할 수 있습니다.

마지막으로 두 기술은 서로 다른 주파수에서 작동합니다. RFID는 고주파HF 또는 초고주파UHF에서 작동하는 반면, NFC는 13.56MHz의 고정된 주파수에서 작동합니다. 이러한 주파수 차이로 인해 RFID가 더 비싸고 더 멀리까지 통신할 수 있지요. 요약하면 RFID와 NFC는 모두 무선통신 기술의 일종이지만 기술적인 차이로 인해 범위, 기능, 주파수가 다릅니다.

따라서 RFID는 창고에서 상품을 추적하거나 고속도로에서 차량을 인식하는 것과 같이 장거리 통신이 필요한 애플리케이션에 더 적합하고, NFC는 모바일 결제나 두 장치 간의 데이터 교환과 같이 단거리 또는 양방향 통신이 필요한 애플리케이션에 더 적합합니다.

# 디지털 제품으로 인한 환경오염을
# 어떻게 막을 수 있을까?
## _전자폐기물

데스크톱 PC, 노트북, 스마트폰, 태블릿, TV, 하드 디스크 드라이브 등 모든 디지털 제품은 결국 전자폐기물Electronic Waste, E-waste이 되는 운명을 타고났습니다. 전자폐기물 또는 전자쓰레기는 더 이상 사용하지 않거나 파손되었거나 구형이 되어 버려지는 모든 전자기기와 부품을 의미합니다.

그런데 전자폐기물은 단순한 쓰레기가 아닙니다. 처리 없이 매립되면 납, 수은, 카드뮴과 같은 독성 물질이 토양과 지하수로 흘러 들어갈 수 있습니다. 종종 전자폐기물은 개발도상국으로 수출되는데, 그곳에서 안전하지 않게 처리되어 작업자와 시민의 건강에 위협이 되고 환경오염을 초래합니다.

2022년 2월 유엔은 연간 코로나19 감염으로 인한 사망자보다 전자폐기물의 독성물질로 인해 환경오염으로 사망하는 사람의 수가 더 많다는 보고서를 공개해 세상에 충격을 주었습니다. 유엔 통계에 따르면, 2019년 한 해 동안 전 세계에서 발생한 전자폐기물의 양은 5,360만 톤이었는데 오직 17.4%만 제대로 수거되어 재활용된 것으로 나타났습니다. 나머지는 폐기물이 발생하였다는 것만 알 수 있을 뿐 어떻게 처리되었는지조차 파악되지 않고 있습니다.

자원 재활용의 문제도 있습니다. 전자폐기물에는 재활용할 수 있는 금, 은, 구리

등과 같은 귀중한 자원이 포함
된 경우가 많습니다. 전자제품
에 금, 은, 구리 등이 쓰이는 이
유는 전기 전도성이 뛰어난 데
다 저항이 적고 열을 잘 방출하
는 금속이기 때문입니다. 만일
적절한 재활용 시스템이 없다
면 전자폐기물에서 이러한 자
원을 추출할 수 없어 그대로 버
려지지요.

전자폐기물은 세계에서 가장 빠르게 증가하는 쓰레기 유형 중 하나다.
매년 전자폐기물의 종류와 양이 계속 증가해 골칫거리가 되고 있다.

　　일부 국가에서는 전자폐기물 재활용을 장려하고 환경에 노출되는 독성 물질의
양을 줄이기 위한 법 제도를 만들어 시행하고 있습니다. 전자폐기물 문제를 해결하
기 위해 일부 제조사는 사용자가 오래된 기기를 올바르게 재활용하도록 권장하는 재
활용 프로그램을 시작했습니다.

　　그러나 전자폐기물 문제를 해결하기 위해서는 종합적으로 훨씬 더 많은 조치가
필요합니다. 디지털 제품을 더 쉽게 재활용할 수 있도록 디자인을 개선하고, 귀중한
자원을 추출하고, 환경에 노출되는 독성 물질의 양을 줄이기 위한 효과적인 재활용
시스템을 구축하는 노력이 필요합니다. 또한 전자폐기물에 대한 교육 및 캠페인을
통해 소비자가 디지털 제품 소비의 환경적 측면을 이해하고, 올바르게 재활용할 수
있도록 장려하는 등 개인, 기업, 정부가 모두 함께 노력해야 할 것입니다.

# 디지털 격차는 왜
# 사회 문제를 유발할까?
## _디지털 리터러시와 디지털 시민의식

디지털 리터러시Digital Literacy는 정보를 검색하고 평가하며 생성하고 전달하기 위해 디지털 도구와 기술을 효과적이고 책임감 있게 사용하는 능력으로, 디지털 문해력이라고도 합니다. 여기에는 기본적인 컴퓨터 활용 능력을 비롯해 각종 기술 활용 능력, 정보 활용 능력, 미디어 활용 능력, 안전한 인터넷 이용 능력 등 다양한 역량이 포함됩니다.

디지털 기술이 점점 더 널리 보급되면서 디지털 활용 능력의 중요성도 계속 커지고 있습니다. 디지털 리터러시를 구성하는 역량을 세부적으로 살펴보면, 가장 먼저 각종 디지털 기기 및 소프트웨어를 효과적으로 사용할 수 있는 기술 활용 능력 Technical Skill이 필요합니다. 웹 사이트, 소셜미디어, 커뮤니티 등의 콘텐츠를 찾아서 볼 수 있으며 비판적으로 분석하고 평가하는 미디어 활용 능력도 필요합니다. 해킹, 바이러스, 피싱 등의 온라인 위협으로부터 개인정보 및 데이터를 지킬 수 있는 안전한 인터넷 이용 능력도 갖추어야 합니다.

디지털 리터러시가 부족한 사람들은 중요한 정보 및 서비스를 이용하는 데 어려움을 겪거나 온라인 사기 및 사이버 공격에 취약할 수 있습니다. 시간이 흐를수록 디지털 기술에 손쉽게 접근할 수 있는 사람들과 그렇지 않은 사람들 사이의 '디지털 격

차Digital Divide'가 커집니다. 디지털 격차가 커지면 사회 참여 등 여러 분야에서 불평등이 심화됩니다. 인터넷으로 일자리를 찾거나 교육 또는 의료 서비스를 받는 데 어려움을 느끼는 사람이 많다는 의미이니까요.

최근 디지털 리터러시와 함께 중요하게 여겨지는 개념이 '디지털 시민의식Digital

소외된 지역이나 계층을 대상으로 하는 디지털 기술 교육은 공평하고 포용적인 디지털 환경을 만드는 데 도움이 된다.

Citizenship'입니다. 이는 디지털 기술과 커뮤니케이션 도구를 책임감 있고 윤리적으로 사용해 타인과 소통하고 사회에 참여하며, 결과적으로 긍정적인 디지털 환경 조성에 기여하는 것입니다.

이를 위해서는 온라인 활동이 자신, 타인, 사회 전체에 미치는 영향을 이해하고 지식재산권, 개인정보, 표현의 자유와 관련된 타인의 권리를 존중해야 합니다. 디지털 시민의식의 일부인 '디지털 참여Digital Participation'는 온라인 커뮤니티에 참여하고 전문적인 지식을 공유하고 타인과의 협업을 통해 사회에 기여하는 것을 뜻합니다.

디지털 기술을 사용해 윤리적 행동을 촉진하고 사회 변화를 옹호하고 타인에게 영감을 주는 '디지털 리더십Digital Leadership'을 발휘하는 것도 중요합니다.

# 2장

---

# 소프트웨어와
# 프로그래밍

---

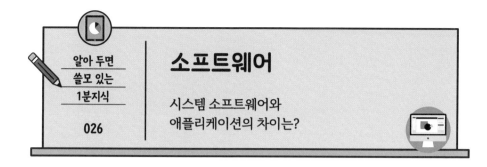

# 소프트웨어

시스템 소프트웨어와
애플리케이션의 차이는?

소프트웨어는 컴퓨터와 우리의 삶을 연결하는 핵심 기술로, 특정 작업을 수행하기 위해 컴퓨터에서 실행되는 프로그램입니다. 기본적으로 일련의 작업을 실행하기 위해 프로그래밍 언어로 작성된 명령어들의 집합을 의미하지요.

소프트웨어는 소셜미디어에서 친구들과 소통하거나 게임을 하고, 문서를 작성하며 예술 작품을 만들고, 로봇을 프로그래밍하는 등 다양한 용도로 사용됩니다. 크게 시스템 소프트웨어와 애플리케이션의 두 가지 유형으로 구분하지요.

시스템 소프트웨어는 컴퓨터를 관리하고 다른 소프트웨어를 실행하기 위한 플랫폼을 제공하는 소프트웨어입니다. 시스템 소프트웨어의 대표적인 예로는 윈도우와 같은 운영체제, 장치 드라이버, 시스템 유틸리티 등이 있습니다. 운영체제는 컴퓨터의 하드웨어 자원을 관리하고 사용자에게 컴퓨터와 상호작용하기 위한 사용자 인터페이스를 제공하므로 가장 중요한 시스템 소프트웨어입니다. 시스템 유틸리티는 시스템 진단, 디스크 클리너, 바이러스 백신 등 시스템을 관리하고 최적화하는 소프트웨어입니다.

반면 애플리케이션은 특정 작업을 수행하도록 설계된 소프트웨어로, 국내에서는 응용프로그램이라는 용어를 사용하기도 합니다. 대표적인 예로는 워드 프로세서, 웹 브라우저, 미디어 플레이어 등이 있습니다. 애플리케이션은 보통 업무용으로 사용되는 생산성 소프트웨어와 그래픽 소프트웨어, 게임 소프트웨어 등과 같이 용도에 따

포토샵은 어도비(Adobe)에서 개발한 그래픽 편집 소프트웨어로 그래픽 디자인, 디지털 아트, 사진 편집 등에 활용되는 대표적인 애플리케이션이다.

라 더 세부적으로 구분하기도 합니다.

시스템 소프트웨어가 컴퓨터 하드웨어에 접근할 수 있도록 시스템을 제어하는 소프트웨어라면, 애플리케이션은 사용자의 문제를 해결하기 위해 특정 기능을 제공하는 소프트웨어입니다.

앱App은 애플리케이션의 줄임말로 사실상 같은 의미입니다. 다만 애플리케이션은 데스크톱 컴퓨터에서 실행되는 프로그램을, 앱은 모바일 기기에서 실행되는 프로그램을 가리키는 경우가 많습니다. 버그를 수정하고, 새로운 기능을 추가하고, 성능과 보안을 개선하기 위해 소프트웨어 업데이트가 정기적으로 출시되기도 합니다. 소프트웨어는 컴퓨터에 다운로드하여 설치하거나, 설치할 필요 없이 클라우드 서비스를 통해 사용할 수도 있습니다. 소프트웨어는 기능 및 기술력에 따라 많은 차이가 있기 때문에, 최적의 성능과 효율성을 확보하기 위해서는 사용자 작업에 적합한 소프트웨어를 선택하는 것이 중요합니다.

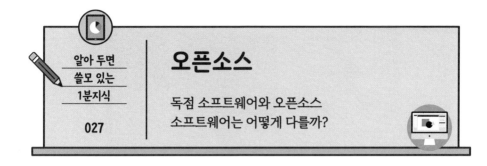

# 오픈소스

독점 소프트웨어와 오픈소스
소프트웨어는 어떻게 다를까?

오픈소스Open Source는 투명하고 혁신적인 프로그래밍 방식으로 소프트웨어 개발의 새로운 지평을 열었습니다. 오픈소스 소프트웨어는 누구나 사용, 수정, 배포할 수 있도록 소스코드Source Code, 즉 프로그래밍의 결과물이 제공되는 소프트웨어를 의미합니다.

오픈소스 소프트웨어는 일반적으로 개발자 및 사용자 커뮤니티를 통해 협력적이고 투명한 방식으로 개발되며, 원래 작성자나 소유자의 허가 없이 누구나 코드를 살펴보고 편집하고 다른 사람과 공유할 수 있습니다. 가장 유명한 오픈소스 프로젝트로 리눅스 운영체제, 아파치Apache 웹 서버, MySQL 데이터베이스, 파이어폭스Firefox 웹 브라우저 등을 꼽을 수 있습니다.

오픈소스는 무료이므로 개인이나 기업, 정부 기관 모두 비용을 크게 절감할 수 있습니다. 또한 누구나 코드를 수정할 수 있으므로 필요에 따라 특정 요구사항에 맞게 수정해서 사용할 수 있습니다.

오픈소스와 관련해 '지켜보는 눈이 많으면 버그는 더 잡아내기 쉬워진다'는 유명한 말이 있습니다. 오픈소스는 수많은 커뮤니티 참여자의 공동 작업, 공유, 혁신을 통해 취약점과 버그, 다양한 문제를 빠르게 파악하고 신속하게 해결할 수 있다고 주장합니다.

오픈소스 소프트웨어의 반대 개념은 폐쇄Closed Source 소프트웨어 또는 독점

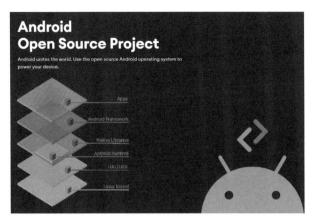

구글 안드로이드에도 AOSP(Android Open Source Project)라는 오픈소스가 있지만, 구글 플레이스토어, 구글 지도, 구글 드라이브 등과 같은 구글의 애플리케이션은 포함되지 않는다.

Proprietary 소프트웨어입니다. 독점 소프트웨어는 회사 또는 개인이 소유하고 저작권법의 보호를 받는 소프트웨어로, 소스코드가 공개되지 않거나 공개된다고 하더라도 사용할 수 없습니다. 대표적인 독점 소프트웨어로 애플의 macOS, 어도비의 포토샵 등이 있습니다. 독점 소프트웨어는 일반적으로 실행 파일 형태로 배포되며, 사용자는 소유자의 허가 없이 소프트웨어를 수정, 배포할 수 없습니다.

소프트웨어뿐만 아니라 하드웨어에도 오픈소스가 있습니다. 오픈소스 하드웨어는 다른 사람이 사용, 수정, 배포할 수 있도록 기술 사양, 회로도, 기타 설계 파일을 공개적으로 제공하는 것입니다.

오픈소스 소프트웨어와 오픈소스 하드웨어는 모두 기술 환경의 중요한 부분이며 지속적인 혁신을 위해 중요한 요소로 평가되고 있어, 앞으로 전 세계 기업과 정부 기관에서 점점 더 많이 사용될 것으로 전망됩니다.

# 운영체제(OS)

윈도우 없이도 컴퓨터를
사용할 수 있을까?

운영체제Operating System, OS는 컴퓨터 작동에 필수적인 소프트웨어로, 운영체제가 없
으면 컴퓨터는 쓸모없게 됩니다. 운영체제는 하드웨어, 애플리케이션, 사용자를 관
리하고 제어해 컴퓨터를 작동하게 하는 시스템 소프트웨어입니다. 간단히 말해, 컴
퓨터 하드웨어와 사용자 사이에서 인터페이스, 즉 일종의 다리 역할을 수행하는 소
프트웨어이지요.

운영체제는 시스템 자원을 효율적으로 관리하며 입출력 장치를 비롯한 주변 기
기를 제어하고 관리합니다. 또한 애플리케이션을 실행하고 권한을 관리하며 각종 프
로세스도 관리하지요. 결과적으로 사용자가 컴퓨터를 편리하고 효과적으로 사용할
수 있는 환경을 제공합니다.

따라서 운영체제는 사용자가 간편하게 이용할 수 있어야 하고, 자원을 효율적으
로 활용해야 합니다. 더불어 새로운 하드웨어와 소프트웨어를 쉽게 추가하고 상호작
용할 수 있어야 하며, 안정적으로 작동하면서 해킹이나 바이러스와 같은 외부 공격
으로부터 데이터를 보호해야 합니다.

운영체제는 용도에 따라 몇 가지 유형으로 구분할 수 있습니다. 데스크톱 운영체
제는 데스크톱이나 노트북 컴퓨터에서 사용하는 운영체제입니다. 대표적으로 마이
크로소프트의 윈도우, 애플의 macOS를 꼽을 수 있습니다. 데스크톱 운영체제는 다
양한 하드웨어와 소프트웨어를 지원하고 사용자가 편리하게 사용할 수 있는 환경 제

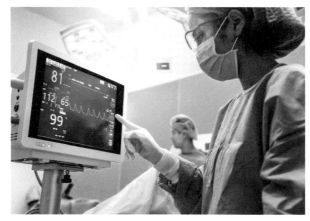

운영체제는 모든 종류의 컴퓨터에서 사용되며 환자의 생체 신호 측정, 의료 영상 처리 및 분석 등을 제공하는 의료 장비에도 탑재된다.

공에 중점을 두고 있습니다.

모바일 운영체제는 스마트폰, 태블릿, 스마트워치 등과 같은 휴대용 기기에 탑재된 운영체제입니다. 대표적으로 구글의 안드로이드, 애플의 iOS를 꼽을 수 있습니다. 터치스크린, 카메라, 블루투스, 와이파이, GPS 등을 지원하고 모바일 관련 기능과 전력 사용에 최적화되어 있습니다.

임베디드 운영체제는 기기에 내장되어 작동하는 운영체제로, 특정 목적을 위해 설계된 것입니다. 특정 기기의 기능을 제어하고 관리하는 것에 초점을 두고 있고, 적은 메모리 용량과 저전력을 사용하며 가전제품, 디지털카메라, 산업용 로봇, 의료 장비 등에 탑재되어 있습니다.

네트워크 운영체제는 네트워크를 통한 통신과 자원 공유에 특화된 운영체제로 파일 서버, 웹 서버, 메일 서버 등의 역할을 수행하고 보안 및 관리 기능이 강화되어 있습니다. 윈도우 서버, 리눅스, 유닉스 등이 있습니다.

# 파일 시스템

시스템은 어떻게 데이터를
저장하고 관리할까?

파일 시스템은 우리가 컴퓨터에서 파일을 찾고 사용할 수 있도록 도와줍니다. 하드 디스크나 SSD와 같은 저장장치에 파일과 폴더(또는 디렉토리)를 저장, 관리, 검색, 수정, 삭제하기 위해 운영체제에서 사용하는 방법이 파일 시스템입니다.

파일은 컴퓨터에서 데이터를 저장하는 기본 단위입니다. 파일은 문서, 사진, 음악 등 다양한 종류가 있는데, 이러한 파일들은 폴더에 저장되어 관리됩니다. 폴더 안에는 다른 폴더나 파일이 포함될 수 있어서 파일을 쉽게 관리할 수 있습니다.

파일 시스템은 파일 및 폴더의 이름과 구조를 정하는 규칙을 갖고 있습니다. 파일 이름에 글자 수를 몇 개까지 쓸 수 있는지, 폴더에 몇 개의 파일과 하위 폴더를 저장할 수 있는지 등이 이에 포함됩니다. 파일 시스템에는 사용자가 허가된 경우에만 파일을 열 수 있게 해주는 기능도 있습니다. 저장장치에 파일을 저장할 때 공간을 할당하는 것도 파일 시스템의 일입니다. 저장장치는 일종의 '서랍장'으로 생각할 수 있고, 각각의 서랍에는 다양한 크기의 파일을 저장할 수 있습니다. 파일 시스템은 파일 크기에 따라 적절한 서랍을 찾아 저장하지요.

파일 시스템은 파일을 찾을 때 색인Index을 사용합니다. 책의 목차처럼, 색인은 파일 및 폴더의 이름과 그에 해당하는 저장 위치를 가지고 있습니다. 이를 통해 파일 시스템이 파일과 폴더의 위치를 추적하고, 사용자가 원하는 파일이나 폴더에 빠르게 접근할 수 있도록 도와줍니다.

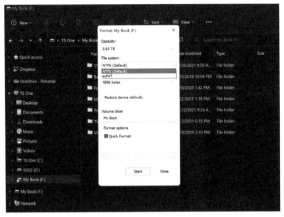

파일 시스템은 저장장치에 파일을 저장하고 구성하기 위한 기본 구조를 제공하므로, 모든 운영체제에서 가장 기본적이면서도 중요한 요소이다.

　　파일 시스템에는 여러 종류가 있고, 각각의 파일 시스템은 자신만의 특징이 있습니다. 사람들이 많이 이용하는 파일 시스템을 꼽아보자면, 예전 윈도우 파일 시스템이자 지금도 여전히 이용되는 FAT32, 현재 윈도우의 기본 파일 시스템인 NTFS이 대표적입니다. 또 HFS+는 맥에서 사용하는 파일 시스템이고, ext4는 리눅스에서 사용하는 파일 시스템입니다.

　　NTFS는 보안 기능이 뛰어난 편이라 특정 사용자만 특정 파일이나 폴더에 접근이 가능하도록 제한할 수 있습니다. 또 파일이나 폴더를 압축하여 저장 공간을 절약하는 기능도 제공해 하드 디스크에 더 많은 파일을 저장할 수 있지요. 시스템 오류나 갑작스러운 전원 차단으로 인한 데이터 손실을 최소화하는 기능도 갖고 있습니다.

　　파일 시스템을 고를 때는 컴퓨터나 운영체제와 잘 맞는지, 원하는 기능이 있는지, 파일을 보호할 수 있는지, 문제가 생겨도 복구할 수 있는지 등을 고려해 결정해야 합니다.

# 데이터베이스

## 어떻게 데이터를 처리하고 관리할까?

데이터베이스Database는 중요한 정보를 안전하게 저장하고 관리하기 위해, 컴퓨터가 이해하고 처리하기 쉬운 방식으로 데이터를 정리하고 모아 놓은 것입니다. 컴퓨터 안에 있는 큰 정보 저장소라고 생각할 수 있지요. 마치 책장에 책을 정리해 놓은 것과 비슷합니다.

데이터베이스에는 글, 숫자, 날짜, 사진, 동영상 등 여러 종류의 데이터를 저장할 수 있습니다. 예를 들어, 상점에서 고객 정보를 저장하거나, 과학 연구에서 얻은 데이터를 저장하거나, 게임 데이터도 저장할 수 있습니다.

우리가 좋아하는 영화를 보고 싶을 때 네이버와 같은 포털에서 검색하면 해당 영화 정보가 나옵니다. 그 정보가 데이터베이스에 저장되어 있어서 우리가 쉽게 찾을 수 있는 것이지요. 스마트폰에서 게임을 할 때도, 게임 점수와 진행 상황이 데이터베이스에 저장되어 있어서 다음에 게임을 할 때 이어서 진행할 수 있습니다. 이렇게 데이터베이스는 여러 가지 정보를 안전하게 보관하고, 필요할 때 쉽게 찾을 수 있도록 도와줍니다.

데이터베이스를 관리하는 프로그램을 데이터베이스 관리 시스템Database Management System, DBMS이라고 하며, 대표적으로 오라클Oracle, 마이크로소프트 SQL 서버, MySQL 등이 있습니다.

데이터베이스 관리 시스템은 데이터베이스에 있는 정보를 쉽고 빠르게 추가, 변

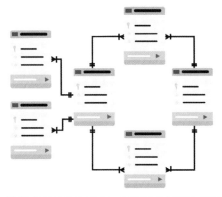

관계형 데이터베이스는 정보를 저장하는 방식 중 하나로, 표와 표 사이의 관계를 이용해 데이터를 정리하고 관리하는 방법이다.

경, 삭제, 찾기 등을 할 수 있도록 도와줍니다. 예를 들어, 학교 도서관에서 책을 빌릴 때 데이터베이스 관리 시스템은 누가 어떤 책을 빌렸는지 데이터베이스에 정보를 저장합니다. 온라인 쇼핑몰에서 주문한 다음에 구매자가 배송 주소를 바꾸면 데이터베이스에 저장된 주문 정보를 수정하지요. SNS에서 친구를 삭제하면 데이터베이스 관리 시스템이 친구 관계 정보를 삭제합니다.

데이터베이스에는 여러 종류가 있는데 가장 많이 이용하는 유형은 관계형 데이터베이스입니다. 관계형 데이터베이스는 데이터를 표처럼 정리하고, 여러 표를 서로 연결할 수 있습니다. 예를 들어, 상품 정보를 저장하는 표에서는 상품명, 원가, 판매가, 재고 개수 등의 정보를 열로 표시하고 각 행에는 실제 값을 저장합니다.

관계형 데이터베이스는 SQLStructured Query Language이라는 언어를 사용해서 데이터를 찾아내거나 추가하고 수정하거나 삭제할 수 있습니다. 마치 엑셀에서 표를 다루는 것처럼 SQL로 데이터베이스의 표를 다룰 수 있지요. 데이터베이스에 저장된 수많은 데이터를 빠르고 정확하게 이용하는 게 쉬운 일은 아닙니다. 하지만 SQL을 사용하면 시간을 아낄 수 있고 데이터를 정확하게 관리할 수 있습니다.

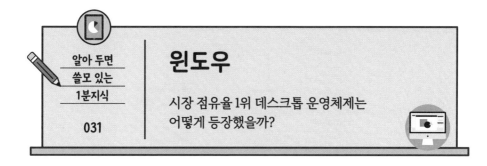

# 윈도우

시장 점유율 1위 데스크톱 운영체제는
어떻게 등장했을까?

마이크로소프트 윈도우Windows는 2022년 기준 세계 시장 점유율 76%를 차지한, 세계에서 가장 인기 있는 데스크톱 컴퓨터용 운영체제입니다. 윈도우는 다양한 애플리케이션으로 구축된 탄탄한 생태계를 보유하고 있으며 문서 작업, 인터넷 사용, 게임, 콘텐츠 감상 등 사용자의 모든 요구를 충족시키기 위해 만들어졌습니다. 윈도우 브랜드로 다양한 제품이 출시되어 있는데, 여기에서는 소비자용을 위주로 살펴보겠습니다.

윈도우는 사용자가 컴퓨터를 더 쉽게 다룰 수 있도록 개발되었습니다. 윈도우 이전에 널리 사용되던 MS-DOS는 텍스트 기반의 명령어를 입력해야 작업을 수행하는 운영체제였습니다. 이 방식은 컴퓨터 전문가들에게는 익숙했지만 일반 사용자에게는 난해했지요.

윈도우는 MS-DOS와의 큰 차이점으로 그래픽 사용자 인터페이스Graphical User Interface, GUI를 도입했습니다. GUI는 아이콘, 버튼, 창 등 시각적 요소와 마우스를 활용해 사용자가 직관적으로 작업을 수행할 수 있게 만든 것입니다. 이로 인해 컴퓨터 사용이 대중화되고 일반 사용자도 쉽게 컴퓨터를 다룰 수 있게 되었습니다.

1985년 출시된 윈도우 1.0은 MS-DOS용 GUI로 만들어져 기본적으로 MS-DOS 위에서 구동되었으며, 시간이 지나면서 독립적인 운영체제로 발전해 나갔습니다. 1992년 나온 윈도우 3.1은 대중적 인기를 끌며 성공의 길을 열었지요. 우리가 흔히 사용하는 시작 메뉴가 처음 등장한 건 1995년 출시된 윈도우 95부터입니다. 그리고

윈도우는 컴퓨터 산업에 중대한 영향을 미쳤으며, 사용자 친화적인 인터페이스와 광범위한 기능을 제공해 PC 대중화에 크게 기여했다

2001년 등장한 윈도우 XP는 2014년까지 총 13년 동안 지원되었던 가장 인기 있는 버전이었습니다.

2009년 출시된 윈도우 7은 시장에서 호평받았는데, 2012년 출시된 윈도우 8은 태블릿 및 모바일 기기용으로 터치 친화적인 인터페이스를 도입했지만, 사용자들에게는 혼란을 불러왔다는 평도 있습니다. 2015년 출시된 윈도우 10은 기업과 개인에게 커다란 인기를 끌었습니다. 2021년 출시된 윈도우 11은 새로운 디자인과 기능을 제공하며 호불호가 갈렸습니다.

윈도우와 관련하여 빌 게이츠와 스티브 잡스 사이에 발생했던 유명한 분쟁이 있습니다. 1980년대 초반 애플은 매킨토시를 개발하면서 GUI를 도입했습니다. 이 기술은 제록스Xerox PARC에서 처음 개발되었지만 상용화되지 않은 상태였고, 잡스는 이를 견학한 후에 맥에 적용했습니다. 이후 마이크로소프트도 GUI를 도입한 윈도우를 개발하자, 잡스는 게이츠와 직접 대면해 윈도우가 맥의 GUI를 도용했다며 공개적으로 비난했습니다. 그러나 게이츠는 제록스에서 시작된 아이디어를 둘 다 활용했다며 반박했지요. 컴퓨터 산업의 역사에서 빼놓을 수 없는 흥미로운 일화입니다.

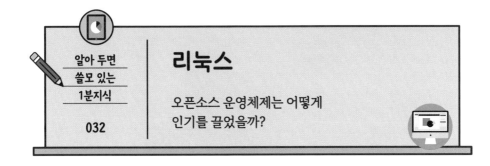

# 리눅스

### 오픈소스 운영체제는 어떻게
### 인기를 끌었을까?

리눅스Linux는 일반적인 컴퓨터 사용자들에게는 다소 낯설게 느껴질 수 있지만, 우리가 사용하는 대부분의 기술에 영향을 미치는 중요한 오픈소스 운영체제입니다. 유닉스Unix라는 운영체제를 기반으로 개발되었지요. 유닉스는 미국 통신기업 AT&T가 만든 운영체제로, 모듈식으로 개발되어 다양한 컴퓨터 환경에 맞추어 사용할 수 있어 기업용 및 연구용으로 인기를 끌었습니다.

리눅스를 처음 만든 사람은 1991년 핀란드 헬싱키대학교 학생이던 리누스 토르발스Linus Torvalds였습니다. 당시 토르발스는 유닉스에 관심이 있었지만, 너무 비싸고 구하기 어려워 유닉스와 유사한 운영체제를 만들기로 했습니다. 처음에는 개인 프로젝트로 시작했는데, 주변 개발자들이 관심을 보이면서 비전을 공유하는 다른 개발자들과 함께 공동으로 작업하게 되었습니다.

오늘날 리눅스는 세계에서 널리 사용되는 운영체제 중 하나이며, 고성능 서버에서 PC 및 모바일 기기에 이르기까지 광범위한 환경에서 수많은 개인, 기업, 정부가 사용하고 있습니다.

리눅스는 어떻게 큰 인기를 얻었을까요? 가장 큰 요인은 리눅스가 오픈소스로 제공되었다는 점입니다. 그리고 리눅스를 개선하고 확장하기 위해 활발하게 협력하는 개발자 커뮤니티가 만들어졌지요. 덕분에 리눅스에서 사용할 수 있는 애플리케이션, 도구 및 유틸리티가 광범위하게 개발되었습니다. 그 결과로 우분투Ubuntu, 데비안

리눅스는 유닉스에 대한 무료 대안으로 개발됐지만, 현재는 매우 성공적이고 영향력 있는 운영체제이자 오픈소스 소프트웨어의 대표적인 사례로 평가받고 있다.

Debian, 오픈수세openSUSE, CentOS 등 다양한 리눅스 배포판이 출시되어 커다란 리눅스 생태계가 형성되었습니다. 리눅스 배포판은 저마다 고유한 특성과 애플리케이션을 갖고 있으며, 사용자 또는 조직의 요구와 환경에 맞추어 알맞은 배포판을 선택합니다.

리눅스는 높은 유연성과 맞춤화 기능을 제공해 용도에 맞게 수정해 사용할 수 있어 시스템 관리자나 엔지니어에게 적합한 선택입니다. 또한 코딩 및 테스트 등 개발 플랫폼으로 사용하는 소프트웨어 개발자들 사이에서도 인기가 높습니다.

뛰어난 안정성 및 신뢰성도 중요한 인기 요소입니다. 리눅스는 모듈식 설계와 강력한 보안 기능을 제공함으로써 기업의 IT 인프라에서 중요한 역할을 수행합니다. 모듈식 설계는 원하는 기능을 필요에 따라 추가하거나 제거할 수 있게 하므로 기업의 서비스 운영에 유연성을 보장합니다. 또한 강력한 보안 기능은 기업의 핵심 비즈니스 애플리케이션을 안전하게 실행할 수 있는 환경을 제공하지요. 이러한 특성 덕분에 리눅스는 서버와 고성능 컴퓨터 분야에서 신뢰성 있고 안정적인 플랫폼으로 널리 활용되고 있습니다.

# iOS · iPadOS · macOS

애플이 만든 운영체제는 무엇이 좋을까?

애플이 개발한 iOS는 아이폰에 탑재되는 모바일 운영체제로, 인터페이스가 직관적이고 사용자 친화적이며, 다른 애플 제품이나 서비스와 긴밀하게 통합되어 있는 것으로 유명합니다. 애플은 모바일 환경과 사용자 요구에 최적화된 운영체제를 만들기 위해 소프트웨어 개발, 하드웨어 엔지니어링, 사용자 경험 디자인에 상당한 투자를 해서 iOS를 만들었습니다.

iOS는 터치 화면으로 간단하게 조작할 수 있고 빠르면서 배터리도 오래 가는 특징이 있습니다. 앱스토어에서 다양한 앱을 설치해 사용할 수 있고, 시리를 이용해 음성 명령도 가능하며, 에어드롭AirDrop으로 파일 공유도 가능합니다. 그 외에도 매년 업데이트를 통해 새로운 기능이 추가되고 있습니다.

아이패드용 운영체제 iPadOS는 iOS를 바탕으로 만들어졌습니다. 아이패드의 큰 화면을 충분히 활용할 수 있는 기능을 포함해 여러 강력한 기능이 추가되었지요. 맥 컴퓨터용 운영체제 macOS는 사용하기 쉽고 다른 애플 기기와 쉽게 연결할 수 있습니다. 맥 컴퓨터는 비디오 편집이나 음악 작업 같은 크리에이티브 작업에 많이 사용되는데, macOS는 그에 필요한 고성능 컴퓨팅을 제공합니다.

사람들이 이러한 애플 OS를 선호하는 이유에는 여러 가지가 있습니다. 애플 OS는 디자인이 직관적이고 인터페이스 또한 사용자 친화적이어서 누구나 쉽게 사용할 수 있습니다. 또한 애플 하드웨어에 최적화되어 있고, 아이폰, 아이패드, 맥 컴퓨터

iOS, iPadOS, macOS는 애플에서 개발한 운영체제로, 각 운영체제는 특정 하드웨어 플랫폼에 적합하게 실행되도록 설계되었으며 고유한 기능을 제공하면서 서로 연결되어 있다.

등 애플 기기끼리는 서로 잘 연결되기 때문에 편리한 점이 많습니다.

디자인도 빼놓을 수 없는 요소입니다. 애플 제품은 깔끔하고 세련된 디자인으로 인기가 높습니다. 특히 애플 OS는 보안 기능이 뛰어나, 사용자 데이터를 잘 보호하고, 타인이 기기를 함부로 사용하지 못하게 보호합니다. 애플은 정기적으로 보안 패치와 버그 수정을 통해 기기가 항상 안전하게 작동하도록 해줍니다.

물론 단점도 있습니다. 애플 OS를 이용하기 위해서는 애플 기기를 구입해야 하는데, 애플 제품은 가격이 상대적으로 높습니다. 또한 애플 OS는 보안이 강력한 대신에 사용자가 시스템 설정을 변경하고 맞춤화하는 데 제한이 많습니다. 앱도 자유롭게 설치하기 어려우며 앱스토어를 통해 승인된 앱만 설치할 수 있지요. 애플 기기 외에 타사 기기들과의 연결에도 여러 제한이 있습니다.

이런 단점 때문에 애플 OS를 사용하는 사람들은 자신만의 스타일과 요구에 완벽하게 맞는 사용 환경을 구축하기 어렵다고 느낄 수도 있습니다. 그러나 애플은 이런 제한을 통해 사용자 경험의 일관성과 안정성을 추구하는 기업이기에 그 역시 제품 특성이라고 봐야 할 것입니다.

# 구글 안드로이드

### 삼성 안드로이드가 될 뻔한 사연은?

안드로이드OS라고도 하는 구글 안드로이드Google Android는 세계에서 가장 많이 이용되는 모바일 운영체제로, 현재 전 세계적으로 30억 명이 넘는 사용자를 보유하고 있습니다. 안드로이드는 주로 스마트폰이나 태블릿 같은 터치스크린 기반 모바일 기기에 많이 사용되며 스마트TV나 기타 디지털 제품에 탑재되기도 합니다.

원래 '안드로이드'라는 단어는 인간과 같은 외모를 가진 로봇을 지칭하는 말인데, 광범위한 작업을 수행할 수 있는 모바일 운영체제의 능력을 강조하기 위해 해당 단어를 차용했다고 합니다.

애플 OS와 비교해 안드로이드는 여러 작업이나 프로세스를 동시에 실행하고 빠르게 전환할 수 있는 멀티태스킹Multitasking 기능이 더 뛰어난 편입니다. 구글 플레이 스토어Play Store를 통해 수많은 앱과 게임을 다운로드할 수 있고, 구글 플레이 프로텍트Play Protect와 가상 비서인 구글 어시스턴트Assistant를 통해 보안과 편의성이 강화되었습니다. 애플 OS와 비교했을 때 안드로이드의 주요 장점 중 하나는 사용자가 원하는 대로 맞춤 설정할 수 있는 요소가 풍부하다는 점입니다.

안드로이드는 2008년 1.0이 출시된 후 빠르게 업데이트됐는데 구글은 수년간 코드명으로 디저트나 달콤한 간식 이름을 사용했습니다. 코드명Codename이란 제품이나 프로젝트에 기억하기 쉬운 이름을 붙인 것인데, 안드로이드는 2.3 진저브레드, 4.0 아이스크림 샌드위치, 4.1 젤리빈, 4.4 킷캣, 5.0 롤리팝, 6.0 마시멜로, 7.0 누가,

안드로이드는 강력하고 다재다능한 모바일 운영체제로, 폐쇄적인 애플 OS와 달리 여러 제조사가 다양한 모델에 탑재하면서 세계에서 가장 널리 쓰이고 있다.

8.0 오레오, 9 파이까지 이어졌습니다. 이후에는 코드명을 따로 사용하지 않고 있으며 2022년 8월 버전 13이 출시됐습니다.

안드로이드는 처음부터 구글이 만든 운영체제가 아닙니다. 2003년 앤디 루빈Andy Rubin과 공동 창업자들이 설립한 안드로이드Android Inc.라는 명칭의 스타트업을 2005년 구글이 인수하면서 소유하게 된 것이지요.

앤디 루빈이 안드로이드를 구글에 매각하기 전에 먼저 삼성에 인수를 제안했던 일화는 업계에서 유명합니다. 하지만 삼성은 인수하지 않았고 결국 구글이 5,000만 달러(당시 기준 한화 약 490억 원)에 인수했는데, 현재 안드로이드의 가치와 비교한다면 매우 저렴한 금액이라고 할 수 있습니다. 이에 대해 구글 경영진은 '구글 역사상 최고의 거래'라고 말하기도 했습니다. 이후 안드로이드는 구글이 보유한 최고의 자산이 되었으며, 매년 구글은 안드로이드에서 엄청난 광고 수익과 앱 수수료 수익을 창출하고 있습니다.

# 앱스토어와 플레이스토어

## 모바일 기기에 앱을 설치하려면?

앱스토어App Store는 2008년 애플이 출시한 서비스로, 아이폰 및 아이패드 같은 모바일 기기에서 앱을 배포하는 플랫폼이자, 앱을 판매하고 구매하는 마켓플레이스Marketplace입니다. 즉, 수요자와 공급자가 만나는 장터이지요. 앱스토어는 사용자가 간편하게 모바일 앱을 검색하고 설치할 수 있게 해주므로 애플 생태계에서 매우 중요한 부분입니다. 참고로, 애플은 모바일에서의 성공을 맥 컴퓨터에도 적용하고자 2011년 맥 컴퓨터를 위한 맥 앱스토어도 출시했습니다.

앱스토어는 수백만 개에 달하는 다양한 앱을 제공하며, 품질 높고 안전하게 앱을 제공하기 위해 앱을 검토 및 승인하는 과정을 거칩니다. 앱 개발자들에게는 수익 창출 기회를 제공하여 아이폰 성공에 크게 기여했지요.

앱스토어가 성공을 거두자 다른 회사에서도 유사한 앱 마켓플레이스를 도입했습니다. 대표적으로 안드로이드 기기용 구글 플레이스토어(구글 플레이라고도 합니다), 윈도우 기기용 마이크로소프트 스토어, 아마존의 파이어 태블릿용 아마존 앱스토어가 있습니다.

앱스토어라는 용어는 애플이 먼저 사용하기는 했지만, 일반적인 단어의 결합이라서 상표권 보호 대상은 아닙니다. 애플은 유사한 명칭을 사용했다는 이유로 마이크로소프트와 아마존에 소송을 제기한 적이 있지만 이후 기각되거나 소송을 포기했습니다. 그럼에도 법적 분쟁에 대한 부담으로 다른 업체들은 '앱스토어'라는 명칭 사

용을 가능한 한 자제하고 있습니다.

앱스토어에는 게임 및 엔터테인먼트에서 소셜미디어, 생산성 및 유틸리티 앱에 이르기까지 다양한 앱이 있습니다. 사용자는 검색 기능, 추천, 사용자 리뷰, 자동 업데이트 등을 통해 앱을 쉽게 찾고 관리할 수 있지요. 앱스토어는 앱에 대한

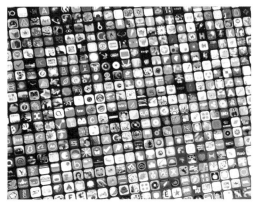

애플과 구글의 운영체제를 사용하는 스마트폰에는 다운로드하여 설치할 수 있는 수백만 개의 앱이 있다. 이러한 앱들은 스마트폰의 기능을 크게 향상시키고 확장해 준다.

마케팅과 수익을 창출하는 방법을 제공해 세계적으로 개발자들에게 매우 중요한 플랫폼이 되었습니다.

아이폰과 아이패드에서는 탑재된 운영체제(iOS와 iPadOS)의 특성상 앱스토어를 통해서만 앱을 다운로드하고 설치할 수 있습니다. 소위 '탈옥'이라고해서 운영체제를 해킹해 제한을 해제한 후 앱을 설치할 수는 있지만 이는 정상적인 방법이 아닙니다.

플레이스토어의 경우 안드로이드의 특성상 자유도가 높기에 개발자의 웹 사이트에서 앱을 다운로드해 직접 설치하거나 타사 서비스를 통해서도 설치할 수 있습니다. 하지만 이런 식으로 앱을 다운로드해 설치할 경우 보안 및 품질을 제대로 검증할 수 없으므로 위험한 방법이며, 고급 사용자가 아니라면 사용하지 않는 것이 좋습니다.

# 인코딩과 디코딩

이미지, 비디오 파일을 어떻게
저장하고 불러올까?

인코딩Encoding은 데이터를 저장하거나 전송할 목적으로 한 형식에서 다른 형식으로 변환하는 과정을 뜻합니다. 사람이 읽을 수 있는 형식(텍스트 또는 이미지)에서 기계가 읽을 수 있는 형식(이진 코드)으로 변환하는 것이 인코딩의 대표적인 예입니다.

일반적으로 인코딩은 데이터의 저장, 전송, 처리를 쉽게 하기 위해 사용됩니다. 인코딩의 첫 번째 단계는 인코딩의 대상이 되는 데이터의 유형에 적합한 인코딩 체계Scheme(데이터를 변환하기 위한 규칙)를 선택하는 것입니다. 그다음에 선택된 인코딩 체계에 따라 데이터를 변환합니다. 데이터가 인코딩되면 용도에 따라 적절한 매체를 사용해 저장하거나 전송합니다.

원본 데이터로 돌아가려면 인코딩된 데이터를 디코딩Decoding해야 합니다. 디코딩이란 인코딩된 데이터를 원래 형식이나 표현으로 다시 변환하는 과정을 뜻하지요. 대부분의 경우 디코딩을 수행하는 과정은 단순히 인코딩의 역순입니다.

인코딩된 데이터를 잘못된 방식으로 디코딩하려고 하면 파일이 제대로 표시되지 않거나 깨질 수 있습니다. 텍스트 파일을 이미지 파일로 인식해서 여는 경우처럼 말이지요. 파일이 깨지는 현상을 방지하려면 데이터를 전송하고 저장할 때 주의해야 하며, 올바른 인코딩 및 디코딩 방식을 사용해야 합니다.

인코딩을 통해 데이터를 더 작은 크기로 변환하여 저장 공간을 절약할 수 있습니다. 예를 들어, 사진이나 동영상 파일을 압축하면 저장 공간을 덜 차지합니다. 인코딩

된 데이터는 크기가 더 작기 때문에 인터넷을 통해 더 빠르게 전송할 수 있습니다. 이로 인해 웹페이지를 더 빠르게 로딩할 수 있고 파일을 더 빨리 다운로드할 수 있습니다.

텍스트 인코딩과 비교하면, 비디오 인코딩은 파일 크기를 줄이면서 품질을 유지하기 위해 훨씬 더 복잡하고 다양한 압축 및 최적화 기술을 사용한다.

인코딩 체계는 손실과 무손실로 나뉩니다. 손실 인코딩은 데이터의 일부를 제거해 크기를 줄이지만, 무손실 인코딩은 모든 데이터를 보존합니다. 파일이 어떤 인코딩 체계를 사용했는지는 확장자를 보면 알 수 있습니다. 확장자는 파일 형식을 나타내고 적절한 프로그램으로 파일을 열게 해줍니다.

대표적인 이미지 인코딩 방식으로 JPG(손실)와 PNG(무손실)가 있습니다. 오디오 인코딩에는 MP3(손실), AAC(손실), FLAC(무손실) 등이 사용됩니다. 비디오 인코딩에는 H.264, HEVC(H.265), VP9 등 손실 인코딩 체계가 주로 사용됩니다.

각 인코딩 체계는 저마다 장점이 있습니다. 예를 들어, JPG는 크기를 줄여 저장 공간을 절약할 수 있지만 품질이 떨어질 수 있으며 일반적인 사진이나 웹 이미지에 적합합니다. 반면에 PNG는 원본 품질을 유지하지만 파일 크기가 상대적으로 크며, 로고와 같은 선명한 이미지에 적합합니다. MP3는 파일 크기를 대폭 줄여 주고 일반적인 사용자에게 충분한 품질을 제공합니다. 하지만 고급 음질을 원하는 사람에게는 무손실 압축 방식인 FLAC이 적합할 수 있습니다.

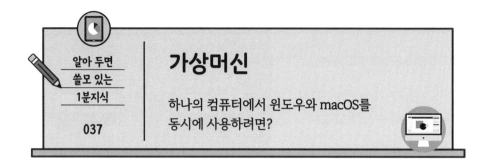

알아 두면
쏠모 있는
1분지식

037

가상머신

하나의 컴퓨터에서 윈도우와 macOS를
동시에 사용하려면?

가상머신Virtual Machine, VM은 하나의 컴퓨터 시스템에서 여러 개의 독립적인 운영체제
를 동시에 실행할 수 있도록 해주는 기술입니다. 즉, 컴퓨터에서 소프트웨어에 의해
실행되는 에뮬레이션Emulation(다른 시스템의 동작을 그대로 모방하는 것)입니다. 본래 하나의
컴퓨터에는 하나의 운영체제만을 사용할 수 있습니다. 하지만 가상머신을 이용하면
하나의 컴퓨터에서 여러 운영체제를 실행할 수 있으며, 각각의 가상 시스템은 독립
된 컴퓨터처럼 작동합니다. 간단히 말해, 단일한 물리적 머신(실제 컴퓨터)에서 여러 가
상머신을 실행할 수 있지요. 각 가상머신은 독립적인 CPU, 메모리, 저장소, 네트워
크 인터페이스 등을 비롯한 자체 가상 하드웨어를 갖고 있습니다.

가상머신에서 실행되는 운영체제나 애플리케이션은 자신이 실제로 존재하는 하
드웨어에서 실행되는 것으로 인식하지만, 사실은 가상머신 소프트웨어가 가상머신
의 하드웨어 상호작용을 가로채 처리하고 있는 것입니다. 가상머신은 완전히 격리되
어 하나의 가상머신이 충돌하거나 손상되더라도 다른 가상머신이나 이를 구동하는
컴퓨터에 영향을 미치지 않습니다.

가상머신을 생성하고 처리하는 전체 과정을 가상화Virtualization라고 하는데, 하이
퍼바이저Hypervisor라는 소프트웨어를 통해 가상머신이 생성되고 관리되며 자원 할당
및 하드웨어 요청을 처리합니다. 주요한 하이퍼바이저 소프트웨어로는 VM웨어, 오
라클 버추얼박스, 마이크로소프트 하이퍼-V, 맥용 패러럴즈 등이 있습니다.

가상머신은 쉽고 빠르게 생성, 복제, 제거가 가능해 유연하게 이용할 수 있고 파일 형태로 되어 있어 다른 컴퓨터로 이동해 사용하기에도 편리합니다. 특히 호스트 운영체제(가상머신이 구동되는 물리적 컴퓨터의 운영체제)와

가상머신은 하나의 물리적 시스템에서 여러 운영체제 및 애플리케이션을 실행할 수 있어 하드웨어 자원 활용, 보안 등에서 이점이 있다(사진은 애플 맥 컴퓨터에서 윈도우를 구동하는 화면).

가상머신에서 사용하는 운영체제 및 애플리케이션은 완전히 격리되어 강력한 보안이 요구되는 애플리케이션을 구동할 때 매우 유용합니다.

또, 하나의 컴퓨터에서 다양한 운영체제를 이용해야 할 때도 가상머신이 사용됩니다. 가상머신을 통해 하나의 컴퓨터에서 윈도우 프로그램을 실행하면서 동시에 리눅스 프로그램도 실행할 수 있지요.

클라우드 서비스 제공업체는 가상머신 기술을 이용해 다양한 서비스를 제공하고 있는데, 이를 통해 하드웨어 자원을 더 잘 활용하고 비용을 절감합니다. 교사와 학생이 다양한 IT 환경에서 프로그래밍이나 테스트 등 실습을 해야 하는 경우에 가상머신을 사용하여 실제 시스템에 영향을 주지 않고 진행할 수 있습니다. 보안 연구원들은 가상머신에서 악성코드를 분석함으로써 원래 시스템에 영향을 주지 않고 안전하게 작업할 수 있지요.

개인 사용자도 PC에서 가상머신을 이용해 소프트웨어를 개발하고 테스트하거나 오래된 운영체제에서만 실행되는 애플리케이션을 구동하기도 합니다. 또한 가상머신으로 온라인 뱅킹을 이용하거나 여러 개의 가상머신을 만들어 모바일 게임을 구동하는 사용자도 있습니다.

# 프로그래밍과 개발

프로그래머와 개발자는 무엇이 다를까?

컴퓨터는 지시를 받아야 작동할 수 있습니다. 프로그램Program은 컴퓨터에 무엇을 어떻게 해야 하는지 알려 주는 명령어 모음입니다. 사용자는 컴퓨터에 여러 프로그램을 설치하고 동시에 둘 이상의 프로그램을 실행할 수 있습니다.

프로그램이 특정 작업을 수행하기 위해 작성된 명령어 모음이라면, 소프트웨어는 실행을 위해 필요한 프로그램을 포함해 데이터, 기타 자원의 총합을 의미합니다. 즉, 소프트웨어가 더 넓은 의미를 지닌 용어입니다. 이처럼 프로그램은 소프트웨어의 일부분이지만, 일반적으로는 엄밀히 구분하지 않고 같은 의미로 사용합니다.

프로그래밍Programming은 컴퓨터가 이해할 수 있는 프로그래밍 언어를 이용해 컴퓨터에 수행할 작업을 지시하는 명령어의 모음, 즉 프로그램을 작성하는 것입니다. 애플리케이션 개발, 데이터 분석, 복잡한 문제 해결, 작업 자동화 등 다양한 목적을 위해 프로그래밍을 할 수 있습니다.

프로그래밍과 유사한 의미로 개발Development이라는 용어를 사용하기도 합니다. 하지만 두 용어에도 차이가 있습니다. 프로그래밍은 정확하고 효율적이며 안정적으로 작동하는 코드를 작성하는 것이 목적이며, 프로그램을 만들기 위한 코드 작성에 중점을 두고 있습니다. 반면에 개발은 소프트웨어 개발 프로젝트의 범위와 요구사항을 이해하는 개념화Conceptualization, 디자인, 배포, 유지보수에 이르기까지 소프트웨어를 만드는 전체 프로세스를 비롯해 프로젝트 관리, 품질 보증까지 포괄하는 더 광

최근 소프트웨어가 우리 일상에 미치는 영향이 더욱 커짐에 따라 소프트웨어 개발 기술과 전문성을 갖춘 개발자의 역할이 점점 더 중요해지고 있다

범위한 용어입니다.

프로그래밍은 소프트웨어 개발의 필수 부분이지만 소프트웨어 개발의 한 구성 요소일 뿐입니다. 프로그래밍을 하는 사람을 프로그래머Programmer라고 하며 소프트웨어 개발을 하는 사람을 소프트웨어 개발자Software Developer, 줄여서 개발자라고 부릅니다. 개발자는 프로그래밍 외에도 다른 팀 구성원과 협력하고 이해관계자와 소통하며 프로젝트를 관리해야 합니다. 개발에는 프로그래밍 기술 외에도 프로젝트 관리, 의사소통, 문제 해결을 비롯한 광범위한 기술이 필요합니다.

요약하면 프로그래밍은 소프트웨어 개발의 핵심 활동이지만, 개발에는 코드를 작성하는 것 이상의 다른 많은 작업이 포함됩니다.

# 프로그래밍 언어

프로그래밍 언어는 왜 이렇게 다양할까?

프로그래밍 언어Programming Language는 특정 작업을 수행하기 위해 컴퓨터에 명령을 전달하는 데 사용되는 언어로, 프로그래머는 이를 이용해 컴퓨터에서 실행할 수 있는 코드를 작성하고 다양한 프로그램을 개발합니다. 웹 사이트 개발에서 자율주행차, 의료 로봇, 우주로 발사하는 로켓에 이르기까지 다양한 산업 분야에서 사용되고 있는 매우 중요한 기술 중 하나입니다.

프로그래밍 언어의 종류는 다양하며 각각의 규칙과 강점 및 약점이 있습니다. 또 프로그래밍 언어는 프로그래머가 작성한 코드가 유효한 것인지 판단하기 위해 고유의 문법Syntax을 갖고 있지요. 문법은 프로그래머가 쉽게 작성하고 이해할 수 있을 뿐만 아니라 컴퓨터가 명확한 해석을 할 수 있도록 설계되어 있습니다.

프로그래밍 언어의 종류는 많지만, 저마다 다른 목적과 특징을 지니고 있습니다. 각 프로그래밍 언어는 목표로 하는 특정한 작업을 수행하기 위해 설계되었지요. 웹 개발에는 자바스크립트를, 데이터 분석에는 파이썬이나 R을 많이 이용하는 식입니다. 효율성과 성능에도 차이가 있습니다. C/C++ 같은 프로그래밍 언어는 빠른 실행속도와 높은 성능을 제공하기 위해 설계되어, 시스템을 제어하는 프로그래밍에 적합합니다.

파이썬, 루비Ruby 같은 언어는 초보자도 쉽게 배우고 사용할 수 있도록 설계되어 문법을 읽기가 쉽습니다. 또한 사용하는 시스템과 기기가 다르면, 그 시스템과 기기

스위프트는 애플에서 개발한 프로그래밍 언어로 iOS, macOS 등 애플의 운영체제에서 작동하는 소프트웨어 개발에 사용한다.

에서 작동하는 프로그램을 개발하기 위해 다른 언어를 사용합니다. 예를 들어, iOS 앱 개발에는 스위프트Swift가, 안드로이드 앱 개발에는 자바가 주로 사용됩니다.

각 프로그래밍 언어마다 이를 사용하는 개발자들이 모여 만든 자체 커뮤니티와 지원 시스템이 있습니다. 이를 통해 개발자들은 문제를 해결하고 새로운 기능을 추가할 수 있지요. 결국 다양한 프로그래밍 언어는 서로 다른 요구사항과 환경에 맞게 개발자들이 프로젝트를 수행할 수 있게 도와줍니다. 덕분에 개발자들은 각자의 목적에 가장 적합한 프로그래밍 언어를 선택하여 작업을 진행할 수 있습니다.

IT 환경은 계속 변화하고 진화하기에 이에 맞추기 위해 계속해서 새로운 프로그래밍 언어가 등장하고 있으며, 시대에 따라 인기 있는 프로그래밍 언어의 순위도 계속 변하고 있습니다.

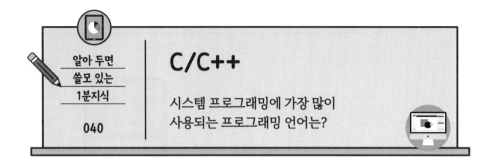

# C/C++

시스템 프로그래밍에 가장 많이
사용되는 프로그래밍 언어는?

C는 1970년대 초반 벨 연구소Bell Labs의 컴퓨터 과학자 데니스 리치Dennis Ritchie가 만든 프로그래밍 언어입니다. 당시 벨 연구소는 어셈블리Assembly 언어로 유닉스 운영체제를 개발하고 있었습니다. 어셈블리 언어란 컴퓨터가 바로 이해할 수 있는 언어로, 0과 1로 이뤄진 이진 코드인 기계어Machine Language와 일대일 대응되는 저수준Low-level 언어입니다. 어셈블리 언어는 추가 번역 없이 컴퓨터가 바로 직접 실행할 수 있다는 점에서 빠르고 효율적이지만, 코드 작성이 어렵고 시간도 많이 소요되는 편입니다.

그래서 리치와 동료들은 운영체제를 작성할 수 있는 고급 언어의 필요성을 느끼고 새로운 프로그래밍 언어를 개발하기로 합니다. 이 새로운 프로그래밍 언어는 배우기 쉽도록 간단하고 직관적인 문법을 지니고 있으며, 효율적이고 유연하게 프로그래밍할 수 있도록 강력한 연산자 및 제어 구조를 갖춘 언어여야 했지요. 또한 시스템 프로그래밍뿐만 아니라 애플리케이션 프로그래밍에도 사용할 수 있으며, 다른 컴퓨터 아키텍처 간에도 이식할 수 있어야 했습니다. 그렇게 개발된 언어가 바로 C입니다. 출시 이후 C는 빠르게 인기를 얻었고, 세계에서 널리 사용되는 프로그래밍 언어 중 하나가 되었습니다.

C++는 1980년대 초반 벨 연구소의 컴퓨터 과학자 비야네 스트롭스트룹Bjarne Stroustrup에 의해 C언어의 확장판으로 개발되었습니다. 당시에는 C가 널리 사용되고

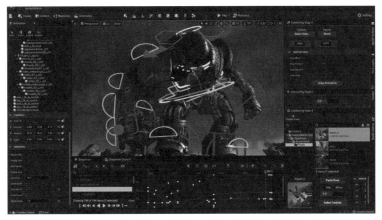

C/C++는 하드웨어를 직접 제어함으로써 시스템 성능을 최대한 끌어낼 수 있어 게임 엔진이나 그래픽 처리 등에 적합하다(사진은 C/C++를 이용해 만들어진 언리얼 엔진).

있었는데, 스트롭스트룹은 그보다 더 강력하고 유연한 언어가 필요하다고 여겼지요. 그는 C의 장점을 가져가면서 객체지향 프로그래밍Object-oriented Programming, OOP과 같은 고급 프로그래밍 개념을 지원하는 언어를 만들고자 했습니다. 객체지향 프로그래밍은 코드를 작성하는 방식 중 하나로, 시스템을 '객체'라는 여러 구성 요소로 나눠 개발하는 겁니다. 학교라는 시스템을 예로 들면, 학교는 학생, 선생님, 수업, 교실 등 다양한 객체로 구성된다고 볼 수 있습니다. 객체지향 프로그래밍은 이처럼 문제를 더 작고 관리하기 쉬운 조각으로 나눠 개발하고 조합함으로써 더 효율적으로 프로그래밍합니다.

또한 C++는 C와 호환되도록 설계되었습니다. 즉, C로 작성된 코드를 그대로 사용할 수 있어 C 프로그래머들의 호응을 얻었고 큰 성공을 거두었지요.

C/C++는 초보자가 배우기에 좀 어려운 편이지만, 잘 활용하면 파일 크기가 작고 실행 속도가 빠른 코드를 만들어 낼 수 있어 시스템 프로그래밍에 적합합니다. 그런 장점 덕분에 게임 개발이나 과학 연산과 같이 시스템 자원을 많이 요구하고 높은 성능이 필요한 분야에서 널리 활용되고 있습니다.

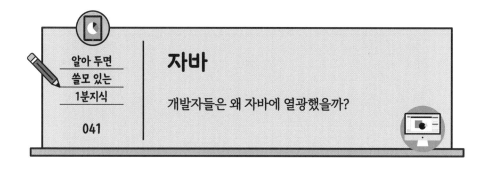

# 자바

## 개발자들은 왜 자바에 열광했을까?

자바Java는 1995년 썬 마이크로시스템즈Sun Microsystems에서 개발한 범용 객체지향 프로그래밍 언어입니다. 썬 마이크로시스템즈가 2010년 오라클에 인수된 이후에는 오라클이 자바의 소유권을 획득하고 지속적인 자바 개발 및 생태계 관리를 담당하고 있습니다.

썬 마이크로시스템즈에서 자바를 만든 사람은 캐나다의 컴퓨터 과학자 제임스 고슬링James Gosling이며 자바의 아버지로 불립니다. 자바 프로젝트는 기존 프로그래밍 언어의 한계를 극복하고 여러 플랫폼에서 작동하는 소프트웨어를 개발할 수 있는 새로운 프로그래밍 언어를 만들고자 시작되었습니다. 자바라는 이름은 개발팀이 가장 좋아하는 인도네시아산 커피 원두에서 따온 것으로, 기억하기 쉽기 때문에 선택된 것으로 알려져 있습니다.

자바는 간결하고 가볍고 안전하도록 설계되어 데스크톱 소프트웨어에서 웹 및 모바일 애플리케이션, 임베디드 시스템에 이르기까지 다양한 애플리케이션 개발에 널리 사용됩니다. 자바에는 몇 가지 주요 특징이 있는데, 지금 보면 그리 특별하게 느껴지지 않을지라도 자바가 처음 등장한 당시에는 혁신적이라는 평가를 받았으며 이후 등장한 프로그래밍 언어에 상당한 영향을 미쳤습니다.

자바는 플랫폼 독립성을 갖고 있습니다. 자바로 만들어진 코드는 JVMJava Virtual Machine이 있는 모든 시스템에서 실행될 수 있으므로 이식성이 뛰어납니다. 이는 자

자바는 대규모의 활발한 개발자 커뮤니티를 갖고 있으며, 앞으로 새로운 프로그래밍 언어가 계속 등장하더라도 여전히 개발자에게 인기 있는 언어로 남을 것으로 전망된다.

바의 중요한 혁신 중 하나로 손꼽힙니다. 자바는 객체지향 언어로, 객체를 사용하여 데이터를 표현하고 조작합니다. 또한 다양한 개발자가 이용할 수 있도록 간단하고 이해하기 쉬운 문법을 도입했습니다.

자바의 가비지 컬렉터Garbage Collector는 프로그램에서 더 이상 사용하지 않는 메모리를 자동으로 해제하여 메모리 낭비 및 충돌 위험을 줄여 줍니다. 또한 자바에는 개발자가 오류 및 예외를 적절하게 처리할 수 있는 강력한 예외 처리 메커니즘이 있습니다. 자바가 막 등장했던 당시 많은 개발자가 자바의 자동 메모리 관리와 예외 처리 능력에 열광했지요.

자바는 등장 이후 전 세계적으로 인기를 끌게 됐고 기업용 소프트웨어, 웹 사이트, 모바일 애플리케이션, 임베디드 시스템 개발 분야에서 가장 널리 사용되는 프로그래밍 언어로 자리 잡았습니다. 또한 자바는 복잡한 애플리케이션을 쉽고 빠르게 개발할 수 있는 방대한 라이브러리와 수많은 코드가 있는 탄탄한 생태계를 갖추고 있습니다.

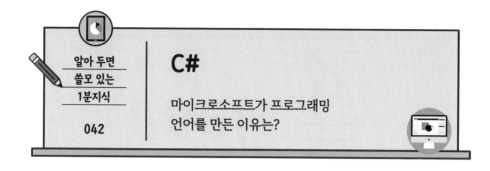

# C#

마이크로소프트가 프로그래밍
언어를 만든 이유는?

C#은 2002년 마이크로소프트의 닷넷 프레임워크1.0.NET Framework 1.0의 일부로 처음 출시된 객체지향 프로그래밍 언어입니다. 참고로, 프레임워크란 프로그램 개발 및 실행 환경을 뜻하는 용어입니다. C#의 설계자는 한때 큰 인기를 끌었던 터보 파스칼 Turbo Pascal과, 델파이Delphi를 만든 덴마크 출신의 소프트웨어 엔지니어 아네르스 하일스베르Anders Hejlsberg입니다.

C# 개발은 1990년대 후반에 시작되었는데, 당시 마이크로소프트는 닷넷 프레임워크에 적합한 새롭고 현대적인 객체지향 프로그래밍 언어를 만들고자 했습니다. 당시에는 자바의 인기가 계속 상승하고 있었기에 마이크로소프트는 플랫폼 독립성을 가진 자바를 잠재적 위협으로 보았습니다. 그래서 닷넷이라는 이름을 붙인 새로운 프레임워크를 개발하기 시작하면서 닷넷 프레임워크에 가장 적합한 프로그래밍 언어를 만듭니다. 그 언어가 바로 C#이지요.

마이크로소프트는 닷넷 프레임워크를 통해 윈도우 애플리케이션의 개발 과정을 단순화하고, 개발자의 생산성 향상을 위해 다양한 기능과 구성 요소를 제공하고자 했습니다. 보안을 강화하는 것 역시 주요한 목표였지요. 그리고 이후에는 리눅스, macOS 등의 다른 운영체제에서도 닷넷 프레임워크를 사용할 수 있도록 했습니다. 닷넷 프레임워크는 사용자 인터페이스 처리, 데이터베이스 연결, 네트워크 작업 등 다양한 기능을 손쉽게 구현할 수 있어 생산성을 크게 향상시켰습니다.

C#과 C/C++는 서로 다른 프로그래밍 언어이지만, 각자가 지닌 강점을 바탕으로 둘 다 세계적으로 광범위하게 사용되는 프로그래밍 언어다.

이름 때문에 헷갈릴 수 있지만 C/C++와 C#은 서로 다른 프로그래밍 언어이며 호환성이 없습니다. C/C++는 운영체제, 장치 드라이버 및 임베디드 시스템과 같은 시스템 애플리케이션과 하드웨어 제어 및 고성능 코드 작성에 적합한 언어입니다. 반면에 C#은 닷넷 프레임워크에 최적화된 언어로, 코드의 호환성은 없지만 C++를 참고해 유사한 문법을 사용하는 객체지향 언어입니다. C#의 명칭은 악보에서 반음이 높다는 의미의 올림표 #을 붙여서 C/C++의 진화된 형태임을 암시한 것입니다.

C#은 초보 및 숙련된 프로그래머 모두에게 어필할 수 있도록 간단하고 강력하며 배우기 쉽게 설계되었으며 자바, C++, 델파이, 비주얼 베이직Visual Basic을 비롯해 여러 고급 프로그래밍 언어의 장단점을 참고해 만들어졌습니다.

현재 C#은 윈도우 운영체제뿐만 아니라 리눅스, macOS에서도 이용되는 프로그래밍 언어로 자리를 잡았으며 데스크톱 애플리케이션, 웹 애플리케이션, 게임, 모바일 앱 등을 거의 모든 분야에서 사용되고 있습니다.

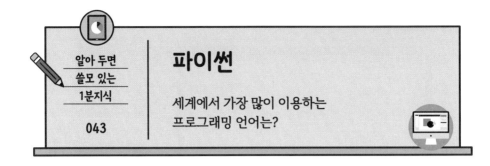

**파이썬**

세계에서 가장 많이 이용하는
프로그래밍 언어는?

전 세계 개발자들 사이에서 선호도 1위 프로그래밍 언어로 꼽히는 파이썬Python은 1991년 처음 출시된 인터프리터 기반의 고급 프로그래밍 언어입니다. 파이썬의 특징을 설명하기 전에 인터프리터 개념을 간략히 살펴보겠습니다.

인터프리터Interpreter는 고급 프로그래밍 언어로 작성된 코드를 기계어로 변환하는 두 가지 방식 중 하나입니다. 컴파일러Compiler라고 하는 방식은 프로그램 전체를 한 번에 변환해 실행 파일을 작성하는 반면에, 인터프리터 방식은 프로그램을 한 줄씩 변환하면서 실행합니다. 컴파일러는 컴파일 과정이 필요하지만 한번 컴파일된 후에는 실행 속도가 빠르고, 인터프리터는 컴파일 과정이 필요 없지만 실행 속도가 느려서 각각의 장단점이 명확하고 용도도 다릅니다.

파이썬이 인터프리터 기반이라는 건 파이썬으로 작성된 코드가 미리 기계어로 컴파일되는 게 아니라 파이썬 인터프리터에 의해 해석되면서 실행된다는 의미입니다. 파이썬은 문법이 간단하고 코드 구조도 이해하기 쉬운 편인 데다, 인터프리터 기반이라 대화형으로 코드를 작성하면서 쉽게 테스트할 수 있어 프로그래밍 초보자에게 특히 유용합니다. 또한 파이썬은 플랫폼 독립적이어서 윈도우, 리눅스, macOS 등 다양한 운영체제에서 사용할 수 있습니다.

그렇지만 파이썬은 인터프리터 기반이라 컴파일러 기반 언어에 비해 프로그램 실행 속도가 느립니다. 그래서 복잡한 연산이 필요하거나 최고의 성능을 끌어내야

파이썬은 웹 개발에서부터 데이터 분석, 수학 연산 및 시각화, 게임 개발에 이르기까지 다양한 유형의 프로젝트를 쉽게 시작할 수 있도록 해주는 방대한 라이브러리 및 프레임워크 생태계를 갖추고 있다.

하는 프로그램을 개발할 때는 파이썬 대신 다른 언어를 사용하거나 또는 파이썬과 다른 언어를 함께 사용하기도 합니다.

파이썬은 1980년대 후반과 1990년대 초반에 걸쳐 네덜란드의 소프트웨어 엔지니어 귀도 반 로섬Guido van Rossum에 의해 만들어졌습니다. 파이썬의 초기 릴리스(버전 0.9.0)는 1991년 2월에 공개됐습니다. 반 로섬은 재미있고 기억에 남을 만한 이름을 정하기 위해 영국 코미디 그룹 몬티 파이썬Monty Python에서 이름을 따왔습니다.

파이썬은 오픈소스 프로그래밍 언어로 개발되었고, 오픈소스라는 점이 파이썬의 인기에 중요한 요인으로 작용했습니다. 특정 기업의 관리 없이 개발자 커뮤니티에서 언어를 개발하고 지원하고 기여할 수 있기 때문입니다. 덕분에 파이썬은 활기찬 커뮤니티, 다양한 교육 프로그램 및 실습 예제, 풍성한 코드를 가진 커다란 생태계를 구축했고, 세계에서 가장 많이 사용하는 프로그래밍 언어가 됐습니다.

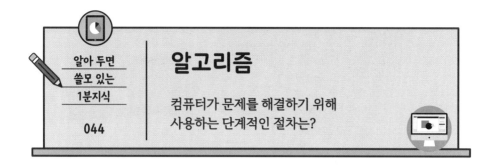

# 알고리즘

컴퓨터가 문제를 해결하기 위해
사용하는 단계적인 절차는?

알고리즘Algorithm은 문제를 해결하거나 특정 작업을 수행하기 위한 일련의 지침 또는 절차입니다. 즉, 특정 목표를 달성하기 위한 단계별 프로세스를 말하지요. 컴퓨터 과학에서 알고리즘은 데이터 정렬, 정보 검색, 계산 수행과 같은 문제를 해결하는 데 사용됩니다.

알고리즘은 작업을 자동화하고 오류를 줄이며 시간과 자원을 절약할 수 있도록 만들어 주며, 시스템 및 프로세스를 최적화하고 개선하는 데 필수적입니다. 알고리즘은 자연어, 순서도, 의사코드Pseudocode(특정 프로그래밍 언어의 문법에 얽매이지 않고 코드를 흉내 내어 이해하기 쉽게 써 놓은 것), 또는 실제 프로그래밍 코드로 작성될 수 있습니다.

알고리즘은 데이터, 변수, 기타 정보 등을 하나 이상 입력받아 결과, 답변, 작업 같은 하나 이상의 출력을 생성합니다. 알고리즘은 일반적으로 특정 순서로 진행되며 각 단계는 이전 단계를 기반으로 합니다.

알고리즘에는 일련의 단계를 여러 번 수행하기 위한 루프Loop나 다른 형태의 반복이 포함될 수 있고, 특정 조건에 따라 알고리즘의 흐름을 변경하는 조건문이 포함될 수도 있습니다.

다음은 자연어로 표현한 상품평 분석 알고리즘의 간단한 사례입니다.

1. 분석할 전체 텍스트를 식별하십시오.

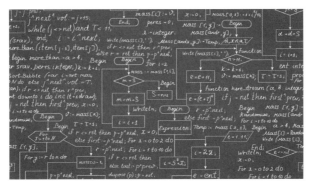

알고리즘은 컴퓨터 과학, 수학, 엔지니어링, 금융 등 다양한 분야에서 사용되며, 문제를 해결하고 작업을 수행하는 구조적이고 체계적인 접근 방식이다.

2. 텍스트를 개별 단어로 나누십시오.

3. 미리 정의된 단어 사전을 기반으로 각 단어에 점수를 할당합니다. 긍정적인 단어에는 1점을, 중립적인 단어에는 0점을, 부정적인 단어에는 -1점을 부여합니다.

4. 긍정적인 단어와 부정적인 단어의 점수를 합산해 해당 상품평의 점수를 계산합니다.

소프트웨어 개발에는 다양한 알고리즘이 이용되는데 어떤 알고리즘을 선택할지는 해결해야 하는 문제나 수행해야 하는 작업에 따라 다릅니다. 몇 줄의 코드로 간단히 작성할 수도 있고 정교한 수학적 모델처럼 복잡할 수도 있지요. 소프트웨어 알고리즘으로 정렬 알고리즘, 검색 알고리즘, 경로 찾기 알고리즘, 최적화 알고리즘 등 다양한 유형의 알고리즘이 있습니다. 알고리즘은 소프트웨어 성능에 상당한 영향을 미칩니다. 알고리즘의 효율성은 알고리즘을 수행하는 데 걸리는 시간과 메모리 소모량 등으로 측정할 수 있으며, 특정 작업에 대한 알고리즘을 설계하거나 선택할 때 중요한 고려 사항입니다.

# 사용자 경험(UX)

UX 디자인에서 사용되는
페르소나 기법이란?

사용자 경험User eXperience, UX이란 사용자가 시스템 또는 애플리케이션과 상호작용할 때의 전반적인 경험(기능, 사용 편의성, 유용성, 접근성, 안정성, 신뢰성, 만족도 등)을 의미합니다. 얼마나 사용하기 쉬운지, 얼마나 직관적인지, 사용자의 요구 사항과 기대를 얼마나 효과적으로 충족하는지 등 사용자가 제품과 상호작용하는 모든 측면을 포함하지요.

하드웨어 측면에서 UX는 제품의 물리적인 디자인, 구성 요소의 품질 및 성능을 포함합니다. 소프트웨어 측면에서는 사용자 인터페이스 디자인, 품질, 성능, 전반적인 효율성 등을 포함합니다. 서비스 측면에서는 서비스 이용의 전반적인 경험을 뜻하며 검색 및 액세스 용이성, 품질, 고객 지원 등을 포함합니다.

UX 디자인을 위해서는 제품이나 서비스 개발에 대한 지식과 더불어 사용자의 목표, 행동, 요구 사항에 대한 깊은 이해가 필요합니다. UX 디자이너는 하드웨어 및 소프트웨어 개발자, 제품 관리자, 기타 이해관계자와 긴밀히 협력해 제품이나 서비스가 사용자 기대와 비즈니스 목표를 모두 충족하는지 확인합니다. 이를 위해 UX 디자이너는 사용자 연구, 페르소나Persona 개발, 사용자 테스트와 같은 다양한 기법을 사용합니다.

페르소나는 UX에서 사용하는 핵심 기법의 하나입니다. 페르소나는 제품이나 서비스의 사용자를 나타내는 가상의 인물로, 사용자의 목표, 행동, 요구 사항을 이

구글 지도는 사용자가 필요한 정보를 간편하게 검색하고 이용할 수 있어 직관적이며 사용하기 쉬운 UX 사례로 꼽힌다.

해하는 데 사용됩니다. 페르소나는 설문조사, 인터뷰, 관찰과 같은 다양한 방법을 통해 사용자에 대한 데이터를 수집하여 생성됩니다. 그런 다음 데이터를 분석하고 가공해 특정 사용자 그룹을 나타내는 특성과 행동을 정의합니다. 이를 사용해 가상의 캐릭터를 만들고 이름, 배경, 기타 개인정보로 페르소나를 더 친근하게 만듭니다.

이렇게 만들어진 페르소나는 디자인 컨셉과 아이디어를 테스트하는 데 사용됩니다. 디자이너는 디자인의 프로토타입Prototype(개발 중에 만들어진 예비 모델)을 만들고 페르소나와 일치하는 사용자와 함께 테스트를 거칩니다. 이를 통해 완성 전에 디자인에 문제는 없는지 살펴보고 개선할 수 있지요.

좋은 UX는 제품 및 서비스의 성공에 필수적이며 고객 충성도에 상당한 영향을 미칩니다. 따라서 제품 및 서비스를 더 직관적이고 사용하기 쉬우며 사용자 기대를 충족하도록 만들기 위해 많은 기업이 UX 디자인 및 연구에 상당한 투자를 하고 있습니다.

# 버그와 디버깅

제품에 발생한 오류나 결함을
어떻게 수정할까?

IT 분야에서 버그Bug는 예기치 않거나 의도하지 않은 동작을 유발하는 오류 또는 결함을 의미하는 용어입니다. 사용자 경험에 거의 영향을 미치지 않는 사소한 문제부터 소프트웨어 충돌을 일으키거나 잘못된 결과를 생성하는 중대한 문제에 이르기까지 버그의 심각도는 다양합니다.

원래 버그라는 용어는 1870년대에 공학적인 측면에서 발생한 기계 오동작을 설명하기 위해 사용하기 시작했다고 합니다. 19세기 후반 유명한 발명가이자 기업가 토머스 에디슨Thomas Edison 또한 자신의 설계나 발명에서 발생하는 기술적 문제나 결함을 설명하기 위해 이 용어를 사용했습니다.

IT 분야에서 버그라는 용어가 사용되기 시작한 것은 1945년 하버드 마크 IIHarvard Mark II 컴퓨터에서 나방으로 인해 오작동이 발생하면서부터입니다. 그 이후부터 소프트웨어나 하드웨어 시스템에서 해결해야 할 오류를 가리키는 일반적인 용어로 사용되기 시작했지요.

개발자가 버그를 해결하기 위해서는 어떤 상황에서 버그가 발생하는지를 정확히 파악해야 합니다. 이를 위해 버그를 유발한 사용자 행동, 입력 순서, 관련된 시스템 설정 등의 정보를 모두 꼼꼼하게 취합해 판단하는 과정이 필요합니다.

소프트웨어의 동작은 실행 중인 환경에 의해 영향을 받습니다. 따라서 운영체제, 웹 브라우저, 하드웨어 등에 대한 세부 정보를 파악할 필요가 있습니다. 실제 버그가

소프트웨어 사용 중 버그가 발생했을 때 사용자가 자세한 정보를 제공하면, 개발자는 버그를 더욱 빠르게 식별하고 디버깅할 수 있다.

발생했을 때의 스크린샷이나 동영상을 확보하면 버그를 시각화해 문제를 더 잘 이해할 수 있습니다.

버그에는 사소한 버그도 있지만 매우 치명적인 버그도 존재합니다. 따라서 개발자는 심각도를 파악해 버그 수정의 우선순위를 정합니다. 버그를 식별하고 해결하는 프로세스를 디버깅Debugging이라고 합니다. 최종 제품이 의도한 대로 작동하고 좋은 사용자 경험을 제공하기 위해 디버깅은 매우 중요합니다. 효율적인 디버깅을 위해 동료와 함께 코드를 검토하거나, 로깅Logging 도구를 이용해 시스템이 동작하면서 벌어지는 자세한 정보를 모두 기록하고 파악할 수도 있습니다.

디버깅은 까다롭고 시간이 오래 걸리는 작업이지만 하드웨어 및 소프트웨어 개발에서 필수적인 부분입니다. 개발자는 다양한 기술과 도구를 사용하여 빠르고 효율적으로 디버깅을 수행해 최종 제품의 전반적인 품질을 개선해야 합니다.

# 라즈베리파이

코딩 교육을 위해 만들어진
저렴한 컴퓨터가 있다?

교육용으로 유명한 라즈베리파이Raspberry Pi는 리눅스 운영체제를 기반으로 작동하는 신용카드 크기의 작은 컴퓨터입니다. 라즈베리파이 프로젝트는 아이들에게 프로그래밍을 가르치는 데 사용할 수 있는 저렴한 컴퓨터를 만드는 것을 목표로, 2006년 이븐 업턴Eben Upton과 영국 케임브리지대학교 출신 동료들에 의해 시작됐습니다.

당시 라즈베리파이 개발팀은 컴퓨터 과학에 관심 있는 학생 수가 줄어드는 이유 중 하나가 저렴하고 쉽게 접근할 수 있는 컴퓨터 하드웨어가 없기 때문이라고 생각했습니다. 그래서 100달러 미만으로 구입할 수 있으면서 주요 프로그래밍 언어를 사용할 수 있는 강력한 컴퓨터를 만들기 시작했습니다.

2012년 첫 출시된 라즈베리파이 모델A는 700MHz 프로세서, 256MB 램, 1개의 USB 포트를 지원했습니다. 가격은 25달러에 불과해 빠르게 매진될 정도로 좋은 반응을 얻었습니다. 이후 다양한 형태의 후속 모델들이 출시됐는데, 특히 2016년 출시된 라즈베리파이3 모델B는 1.2GHz 프로세서, 1GB 램, 와이파이, 블루투스, 4개의 USB 포트를 지원해 드디어 꽤 쓸만한 성능을 제공한다는 평가를 받으면서 선풍적인 인기를 끌었습니다.

2019년 출시된 라즈베리파이4 모델B는 1.5GHz 프로세서를 탑재했는데 이전 모델과 비교해 속도가 크게 향상되어 더 빠른 계산이 가능하며, 최대 8GB 램을 제공해 큰 프로젝트나 다중 작업도 손쉽게 처리할 수 있습니다. 또한 유선 네트워크 연결

라즈베리파이는 기술 애호가, 교사, 학생, 기업 모두에게 인기를 끌었으며, 교육용 프로젝트에서 로봇 공학, 산업 자동화 시스템에 이르기까지 광범위한 응용 분야에서 널리 사용되는 플랫폼이다.

이 가능하고 USB 3.0 포트가 추가되어 빠른 데이터 전송을 지원합니다. 영상 출력 성능도 향상되어 4K 해상도를 지원하며 여러 대의 모니터를 동시에 연결할 수 있습니다.

라즈베리파이는 저렴한 가격에 유연성과 사용 용이성을 갖추고, 크기가 작으며 전력을 매우 적게 소모하여 다양한 분야에서 사용됩니다. 교육용은 물론이고 웹 서버나 영화 감상, 게임 콘솔, 스마트홈에도 사용되지요. 덕분에 라즈베리파이 사용자 및 개발자 커뮤니티는 전 세계적으로 계속해서 성장하고 있습니다.

현재 라즈베리파이는 영국에 기반을 둔 비영리단체 라즈베리파이 재단에서 관리 감독하고 있으며, 재단은 교사와 학생을 위한 코딩 교육 자료를 제공하고 개발 프로젝트도 지원하고 있습니다. 라즈베리파이는 다재다능하고 저렴한 하드웨어 플랫폼으로, 앞으로도 컴퓨터 과학 교육 및 여러 응용 분야에서 중요한 역할을 담당할 것입니다.

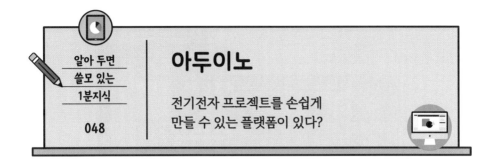

# 아두이노

전기전자 프로젝트를 손쉽게
만들 수 있는 플랫폼이 있다?

아두이노Arduino는 오픈소스 하드웨어 및 소프트웨어를 사용하여 만들어진 마이크로
컨트롤러 기반의 플랫폼입니다. 마이크로컨트롤러Microcontroller는 여러 기능을 하나
의 칩에 통합한 장치로, 이를 이용하여 다양한 전자제품 및 제어 시스템을 만듭니다.
아두이노에는 프로그래밍이 가능한 마이크로컨트롤러 보드와 소프트웨어 개발환
경, 디지털 및 아날로그 입출력 핀, 전원 공급 장치, USB 포트 등이 포함되어 있으며
다양한 전자 부품을 연결할 수 있습니다.

아두이노는 전기전자 프로젝트나 프로그래밍 경험이 전혀 없는 사람들도 손쉽게
사용할 수 있도록 설계되었습니다. 아두이노 기반 소프트웨어 개발환경은 간단하고
직관적이며 많은 라이브러리와 예제가 제공됩니다. 아두이노 보드 가격은 모델에 따
라 다르지만 대략 5~50달러 사이이며, 사용하기 쉽고 비용도 저렴해 많은 사람이 아
두이노를 통해 전기전자 프로젝트를 만들고 있습니다.

아두이노는 오픈소스이므로 누구나 사용, 수정, 배포할 수 있고 고급 지식과 프로
젝트를 공유하는 커뮤니티가 크게 활성화되어 있습니다. 라즈베리파이는 가능한 한
개방적으로 설계됐으나 일부 요소가 독점적으로 관리되어 완전한 오픈소스가 아닌
반면, 아두이노는 모든 요소가 공개된 완전한 오픈소스 플랫폼입니다.

아두이노와 라즈베리파이는 둘 다 하드웨어와 소프트웨어로 구성된 프로젝트를
진행하는 데 널리 사용되는 플랫폼이지만 하드웨어, 소프트웨어, 용도 측면에서 몇

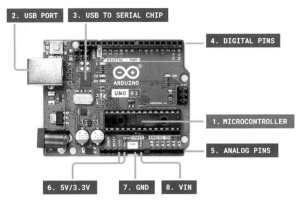

아두이노를 이용하면 저렴한 비용, 손쉬운 방법으로 전기전자 프로젝트를 만들 수 있어 교육용, 취미용, 산업용으로 큰 인기를 끌고 있다.

가지 주요 차이점이 있습니다.

무엇보다 두 플랫폼은 하드웨어가 다릅니다. 아두이노 보드는 센서와 전자 부품, 물리적 환경을 제어하는 데 중점을 두고 만들어졌지만, 라즈베리파이 보드는 프로세서, 메모리, 그래픽 기능을 갖춘 다목적 소형 컴퓨터에 가깝습니다.

두 플랫폼은 프로그래밍하는 방식도 다릅니다. 아두이노는 단순화된 버전의 C/C++를 사용해 보드를 제어하는 코드를 작성하고 업로드할 수 있습니다. 반면에 라즈베리파이는 리눅스 운영체제를 사용하며 다양한 프로그래밍 언어를 이용해 광범위한 애플리케이션을 만들고 실행할 수 있습니다.

아두이노는 주로 전자 부품을 제어하는 로봇, 사물인터넷, 스마트홈 등의 프로젝트를 만드는 데 사용됩니다. 반면에 라즈베리파이는 애플리케이션, 서버, 기타 다양한 소프트웨어를 실행하는 범용 컴퓨터로 사용됩니다. 이처럼 두 플랫폼은 서로 다른 강점과 용도가 있어, 실제 프로젝트에서 함께 사용되는 경우도 많습니다.

# 에픽게임즈는 왜 애플에 소송을 제기했을까?

## _앱스토어 수수료 분쟁

에픽게임즈Epic Games는 포트나이트Fortnite, 기어스 오브 워Gears of War 등과 같은 게임뿐만 아니라 3D 그래픽 게임을 개발하는 데 사용되는 언리얼Unreal 3D 게임 엔진으로도 잘 알려진 비디오 게임 및 소프트웨어 개발 회사입니다. 또한 지난 수년간 애플의 앱스토어 정책에 강하게 저항하면서 애플과 법적 분쟁을 이어가는 기업으로 언론에서 주목한 업체이기도 합니다.

　에픽게임즈는 2020년 8월 애플을 상태로 미국 캘리포니아 북부 지방법원에 소송을 제기했습니다. 애플이 앱스토어 정책을 통해 공정한 경쟁을 막고 있으며 모바일 앱 시장에서 지배적 지위를 남용해 독점금지법을 위반했다고 주장했지요. 소송의 내용을 간단히 설명하면, 애플 정책에 따라 애플 기기에서는 모든 인앱In-app 구매가 반드시 앱스토어를 거쳐야 하고 애플에 30% 수수료를 내야만 합니다. 에픽게임즈는 이를 강제하는 것이 불공정하며 경쟁을 제한한다고 주장했습니다.

　해당 사건은 에픽게임즈가 자사의 인기 게임 포트나이트에 앱스토어를 거치지 않고 게임 내 아이템을 구매할 수 있는 결제 시스템을 도입하면서 시작되었습니다. 이후 애플은 정책 위반을 이유로 앱스토어에서 포트나이트 앱을 제거했습니다. 이는 새로운 사용자가 포트나이트 앱을 다운로드하고 설치하지 못하는 것은 물론, 기존

사용자들도 앱 업데이트를 받을 수 없다는 의미입니다.

에픽게임즈가 소송을 제기하자 애플도 계약 위반을 이유로 에픽게임즈에 소송을 제기했습니다. 애플은 에픽게임즈가 직접 결제 시스템을 도입해 계약을 위반한 데다 특혜를 요구했다고 주장했습니다. 그리고 2021년 9월 1심 판결이 나

에픽게임즈는 애플의 부당한 정책에 대한 홍보 캠페인을 전개하면서 애플의 통제가 소비자 선택과 시장 혁신을 제한해 개발자와 소비자 모두에게 피해를 준다고 주장했다(사진은 애플을 독재자로 묘사한 에픽게임즈의 광고화면).

왔는데, 법원은 사실상 애플의 손을 들어 주었습니다.

법원은 애플의 행위가 독점금지법 위반으로 보기 힘들다며, 단지 애플의 외부 링크 제한 조치만 잘못되었다고 판단했습니다. 오히려 에픽게임즈가 애플과의 계약을 위반한 것으로 판단해 360만 달러의 배상금을 애플에 지급하라고 판결했지요. 게다가 애플은 외부 링크를 허용하라는 판결에 집행정지를 청구했는데, 이것이 받아들여져 수년이 걸릴지도 모르는 항소심 기간에 외부 링크를 허용하도록 시스템을 바꾸지 않아도 됩니다.

이 같은 에픽게임즈와 애플의 분쟁은 앱스토어의 역할과 소비자, 개발사, 규제기관과의 관계에 대한 뜨거운 논쟁을 가져왔습니다. 이번 분쟁이 마무리되더라도, IT 업계에서는 시장 독점으로 인한 문제와 논란이 종종 발생하기 때문에 언젠가는 비슷한 분쟁이 또다시 발생할 가능성이 높습니다.

# 구글 안드로이드 운영체제는
# 자바 저작권을 침해했을까?
## _자바를 둘러싼 갈등

2010년 8월 오라클은 구글이 안드로이드 운영체제를 개발할 때 자사로부터 라이선스를 받지 않고 자바 API를 사용했다며 저작권 침해를 이유로 구글에 무려 90억 달러의 손해배상을 청구했습니다.

API Application Programming Interface란 소프트웨어 개발자가 애플리케이션 또는 시스템과 상호작용하는 데 사용하는 개발 환경이자 도구입니다. 운영체제와 API는 밀접한 관계가 있습니다. 운영체제는 애플리케이션이 하드웨어 및 시스템에 액세스할 수 있도록 API 세트를 제공하고, 개발자는 이를 이용해 애플리케이션을 만듭니다. 예를 들어, 안드로이드 API는 안드로이드 운영체제에 내장된 인터넷 연결, 위치 정보, 카메라 등 여러 기능과 서비스에 대한 액세스를 제공합니다. 즉, API는 애플리케이션을 만들고 구동하기 위한 필수 구성 요소입니다.

지금도 그렇지만 당시에도 자바는 여러 플랫폼에서 작동하는 애플리케이션을 개발할 수 있는 프로그래밍 언어로 인기를 얻고 있었습니다. 그래서 구글은 자바 API를 이용해 안드로이드 운영체제를 만들기로 했습니다. 이를 통해 구글은 기존 자바 개발자들을 손쉽게 안드로이드 환경으로 유인할 수 있었으며, 이는 안드로이드 운영체제와 이를 기반으로 하는 스마트폰 및 여러 모바일 기기의 성공에 크게 기여했습

니다.

미국은 저작권법에서 저작권 소유자의 허락 없이 저작권 자료를 제한적으로 사용할 수 있도록 허용하는 '공정 이용Fair Use'을 규정하고 있습니다. 이 원칙은 표현의 자유, 교육 등 중요한 가치에 대한 공익과 저작권 소유자의 이익 사이에서 균형을 맞추기 위한 것으로 논

오라클과 구글의 자바 소송은 공정 이용의 범위와 제한, 적절한 라이선스 취득의 필요성, 저작권법의 준수 등과 관련된 사회적 논쟁을 야기했고, IT 산업과 저작권법에 많은 영향을 미쳤다.

평, 비평, 뉴스 보도, 교육, 학문, 연구 등의 목적에 공정 이용을 허용하고 있습니다.

오라클은 구글의 자바 API 사용이 공정 이용에 해당하지 않는다고 주장했습니다. 2010년 소송 제기 이후 10여 년의 세월 동안 몇 번이나 재판을 거치면서 오라클과 구글은 첨예하게 대립했습니다. 재판 결과 1심에서는 구글이 이겼으나, 항소심에서는 "안드로이드가 무료라고 해서 구글이 자바 API를 비영리적으로 사용한다는 것을 의미하지 않는다."라면서 오라클의 손을 들어 주었습니다. 하지만 2021년 4월 미국 대법원은 "구글의 자바 API 사용이 공정 이용이 되기 위한 모든 조건을 충족한다."라면서 결국 구글의 손을 들어주었습니다.

이러한 판결에 대해 일부는 혁신과 창조성을 증진시키고 API를 공유할 수 있게 됐다면서 환영했고, 다른 일부는 저작권 보호를 약화시키고 결국 창의적인 개발자들에게 불리한 환경을 조성했다며 비판했습니다.

# 3장

# IT 비즈니스와 빅테크

- ☑ 소셜미디어
- ☐ 전자상거래
- ☐ 온라인 광고
- ☐ 핀테크
- ☐ 크라우드펀딩
- ☐ OTT
- ☐ e스포츠
- ☐ 스타트업
- ☐ 실리콘밸리
- ☐ 빅테크
- ☐ 마이크로소프트
- ☐ 구글(알파벳)
- ☐ 메타(페이스북)
- ☐ 아마존
- ☐ 애플

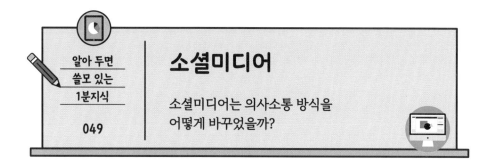

# 소셜미디어

소셜미디어는 의사소통 방식을
어떻게 바꾸었을까?

소셜미디어Social Media는 인터넷을 통해 사진, 정보, 아이디어, 관심사를 공유하면서 개인이 상호작용할 수 있는 서비스를 총칭하는 용어입니다. 소셜미디어는 소셜 네트워크, 블로그, 사진 공유, 동영상 공유, 팟캐스트, 위키 등 다양한 유형이 있으며, 대표적인 소셜미디어 서비스로는 페이스북, 트위터, 인스타그램, 유튜브, 틱톡, 링크드인, 스냅챗, 핀터레스트, 카카오톡 등이 있습니다.

국내에서는 SNSSocial Network Service 또는 Social Network Site라는 표현을 더 많이 사용하지만, 해외에서는 소셜미디어라는 표현을 주로 사용합니다. 사실 SNS는 페이스북이나 인스타그램처럼 소셜 네트워킹에 특화된 소셜미디어를 뜻하는 말인데, 국내에서는 소셜미디어와 유사한 의미로 쓰이고 있지요.

소셜미디어에서 사람들이 공유하고 소통하는 대상이 되는 콘텐츠나 매개체를 '소셜 오브젝트Social Object'라고 합니다. 유튜브에서는 동영상이, 페이스북에서는 사진이나 글이 소셜 오브젝트라고 볼 수 있습니다. 소셜 오브젝트는 사람들의 관심을 끌고, 대화를 유도하며, 관계를 형성하고, 가치를 전달하는 역할을 합니다. 소셜 오브젝트는 소셜미디어의 성공 요인으로, 소셜 오브젝트가 강력할수록 소셜미디어의 가치가 증대되고 사용자의 만족도와 충성도가 높아집니다.

소셜미디어를 잘 이용하면 가족 및 친구와 소통할 수 있고, 새로운 사람과도 손쉽게 만날 수 있으며, 다양하고 풍부한 최신 정보를 빠르게 얻을 수 있고, 새로운 것을

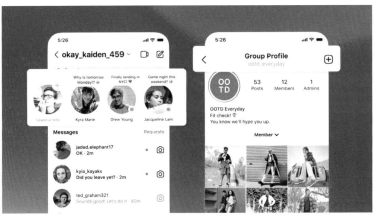

인스타그램은 온라인 사진 공유 및 소셜 네트워크 서비스로, 사진 촬영과 동시에 다양한 디지털 효과를 적용할 수 있어 큰 인기를 끌었다.

배우거나 새로운 관점을 발견할 수 있습니다. 또한 유사한 의견을 가진 사람들로 여론을 형성해 정치 참여, 환경 보호, 인권 등 다양한 문제에 대한 인식을 높이고 목소리를 낼 수도 있습니다.

하지만 사생활 침해나 개인정보 유출, 사이버 범죄에 노출될 위험이 있으며, 소셜미디어 중독이나 사이버 폭력을 유발할 수도 있습니다. 또한 가짜 뉴스, 유언비어, 음모론 등 허위이거나 오해의 소지가 있는 정보를 퍼뜨려 사람들의 믿음, 태도, 행동에 나쁜 영향을 미칠 수 있습니다.

이처럼 소셜미디어는 장단점을 모두 가지고 있으며, 사람들이 디지털 시대에 소통하고 배우고 참여하는 방식을 변화시킨 복잡하고 역동적인 현상입니다. 소셜미디어를 이용할 때는 적절한 수준에서 자기 생각이나 감정을 표현해야 하며 현명하고 책임감 있게 사용해야 합니다.

# 전자상거래

## B2B 전자상거래 플랫폼 알리바바는 누가 이용할까?

이미 많은 사람이 인터넷을 통해 상품과 서비스를 구매하고 있습니다. 전자상거래 Electronic Commerce, E-commerce는 전자 결제 및 기타 디지털 기술을 사용하여 온라인으로 제품 또는 서비스를 사고파는 행위를 의미하며 온라인 쇼핑, 온라인 뱅킹, 온라인 경매, 온라인 발권 등 광범위한 상거래를 모두 포함합니다.

소비자 입장에서는 편의성, 시간 절약, 비용 절감을 비롯해 더욱 다양한 제품 및 서비스를 구매할 수 있다는 점이 큰 장점으로 꼽힙니다. 기업의 경우에는 글로벌 시장 대응, 비용 절감, 고객 범위 확대, 고객 서비스 개선 등과 같은 이점 때문에 전자상거래를 이용합니다.

전자상거래에는 몇 가지 유형이 있습니다. B2CBusiness-to-Consumer는 가장 일반적인 유형의 전자상거래로, 기업이 개인 소비자에게 제품이나 서비스를 판매하는 것을 의미합니다. 소비자 대상의 흔한 온라인 쇼핑몰, 전자책이나 소프트웨어 등의 디지털 다운로드, 온라인 여행 및 숙박 예약, 비디오나 오디오의 온라인 스트리밍 서비스, 각종 구독 서비스 등이 이에 해당합니다.

B2BBusiness-to-Business는 한 기업에서 다른 기업으로 제품 또는 서비스를 판매하는 것입니다. 예를 들면, 중국 알리바바Alibaba는 세계에서 가장 큰 글로벌 B2B 전자상거래 플랫폼으로, 알리바바를 통해 수많은 국내 기업이 해외 공급업체로부터 상품을 구매하고 있습니다. 알리바바는 기업 고객들을 위해 다양한 제품 목록 및 검색 기

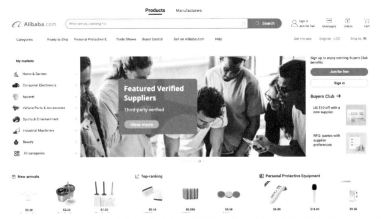

전자상거래 사이트를 구축하고 운영하기 위해서는 웹 사이트 디자인 및 개발, 디지털 마케팅, 지불 처리 및 배송, 보안, 개인정보 보호 등 여러 가지 요소를 고려해야 한다.

능, 공급업체와 구매업체 간의 커뮤니케이션 도구, 결제, 물류, 박람회 개최 등 다양한 서비스를 제공합니다.

C2CConsumer-to-Consumer는 온라인 마켓플레이스 또는 경매 사이트를 통해 한 개인 소비자가 다른 개인 소비자에게 제품 또는 서비스를 판매하는 것입니다. 미국의 이베이와 크레이그리스트Craigslist, 국내의 당근마켓 등이 이에 해당합니다. 중고 거래 외에도 수제 공예품 판매, 개인 교습, 반려동물 돌보기 등 다양한 C2C 거래가 있습니다.

C2BConsumer-to-Business는 개인 소비자가 기업에 제품 또는 서비스를 판매하는 것을 뜻합니다. 개인 프리랜서로 기업에 용역을 제공하는 업워크Upwork나 파이버Fiverr 등이 대표적입니다.

전자상거래는 사람들이 상품과 서비스를 사고파는 방식을 변화시켰으며, 기업의 입장에서 판매 증가, 효율성 개선, 고객 만족도 향상이라는 이점이 분명하기 때문에 앞으로 세계 경제에서 차지하는 비중이 계속 높아질 것입니다.

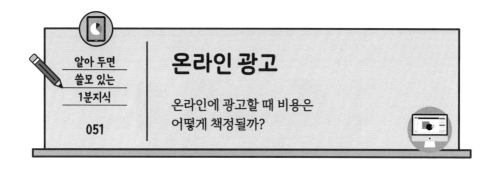

# 온라인 광고

온라인에 광고할 때 비용은
어떻게 책정될까?

온라인 광고Online Advertising 또는 인터넷 광고는 인터넷을 통해 소비자에게 메시지를 전달하는 광고로, 디스플레이 광고, 검색 광고, 소셜미디어 광고, 이메일 마케팅 등 다양한 형태가 있습니다.

온라인 광고의 장점은 성별, 나이, 관심사 등의 데이터를 기반으로 타겟팅Targeting, 즉 특정 대상을 정해 광고를 보여 줄 수 있다는 점입니다. 이를 통해 광고주는 원하는 고객에게 더 효과적으로 메세지를 전달하고 광고 효과를 높일 수 있습니다.

1990년대 인터넷 초창기에는 대부분의 온라인 광고가 단순한 배너 광고였으며 1,000회 노출 당 비용을 지불하는 CPMCost Per Mille 기준을 사용했습니다. 예를 들어, $10 CPM라고 하면 광고가 1,000번 표시될 때마다 광고주가 10달러를 지불한다는 의미입니다. 따라서 광고가 1만 번 표시되면 광고주가 지불해야 하는 총비용은 100 달러가 됩니다. CPM은 배너 광고 및 기타 유형의 시각적 광고를 포함하는 디스플레이 광고의 일반적인 가격 모델입니다.

1990년대 후반부터 2000년대 초반에는 구글과 같은 검색엔진이 대중화되면서 검색 광고가 온라인 광고의 대세가 되기 시작했습니다. 검색 광고는 검색 결과 근처에 텍스트 기반 광고를 게재하는 형태로, 광고주는 클릭당 비용을 뜻하는 CPCCost Per Click 기준으로 비용을 지불합니다.

CPC는 CPM처럼 광고 노출이 아니라, 누군가 광고를 클릭할 때마다 광고주가 비

용을 지불합니다. CPC는 검색 광고, 소셜미디어 광고 등 현세대 인터넷 광고에서 가장 일반적인 가격 모델입니다. 누군가가 광고에 관심을 나타내는 경우에만 비용을 지불하기 때문에 광고주에게 유리할 수 있습니다만, 경쟁력 있는 키워드의 경우 클릭당 비용이 높아 실제

온라인 광고의 CPM과 CPC 모델에는 고유한 장단점이 있으며, 가격 모델의 선택은 광고주의 목표와 광고 캠페인의 성격에 따라 달라진다.

로는 광고주가 더 큰 비용을 부담하는 경우도 발생합니다.

2000년대 중반부터는 페이스북, 트위터와 같은 소셜미디어가 인기를 끌면서 사용자의 관심사를 기반으로 특정 잠재 고객을 정확히 타겟팅하는 소셜미디어 광고에 대한 관심이 높아졌습니다. 그리고 2000년대 후반부터 2010년대 초반 사이에 스마트폰이 대중화되기 시작하면서 사용자 위치 정보를 기반으로 광고를 할 수 있게 되어 모바일 광고에 대한 광고주의 관심이 높아졌습니다.

인터넷 광고가 범람하면서 많은 사용자가 광고에 거부감을 나타내고 있으며, 일부 사용자는 적극적으로 애드블록Adblock, 유블록 오리진uBlock Origin 등과 같은 광고 차단 소프트웨어를 사용하고 있습니다. 그에 따라 최근에는 콘텐츠와 자연스럽게 융합되어 광고임을 명시하지 않거나 스폰서 브랜드를 간단하게 표시하는 네이티브 Native 광고가 늘어나고 있는데 주로 유튜버나 인스타그램 인플루언서들이 이 방식을 애용하고 있습니다. 하지만 스폰서 콘텐츠라는 사실을 표기하지 않으면 소비자 입장에서는 기만으로 느껴질 수 있기 때문에, 명확하게 스폰서 표기를 할 필요가 있습니다.

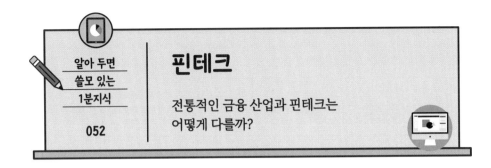

# 핀테크

전통적인 금융 산업과 핀테크는
어떻게 다를까?

핀테크Fintech는 금융Finance과 기술Technology의 합성어로, IT를 적극 이용한 새로운 형태의 금융 서비스를 뜻합니다. 미국과 영국에서 처음으로 금융 분야에 IT 기술을 도입하면서 다양한 혁신이 일어났고, 이후 핀테크 개념이 관심을 얻으면서 빠르게 전 세계에 퍼졌습니다.

핀테크가 등장하고 발전할 수 있었던 가장 큰 이유는 인터넷과 모바일 기기가 보편화된 덕분입니다. 덕분에 금융 서비스를 보다 효율적으로 편리하게 제공할 수 있게 되었지요. 또한 2008년 금융 위기가 발생하면서 투명하고 소비자 친화적인 금융 서비스에 대한 요구가 커졌고 이와 더불어 스타트업 활성화, 벤처 캐피털의 대규모 투자, 규제기관의 태도 변화 등으로 인해 기존 금융기관과 신생기업이 경쟁할 수 있게 되면서 핀테크 시장이 발전하게 되었습니다.

핀테크는 지불결제, 대출, 투자, 보험 등 광범위한 금융 서비스를 모두 다룹니다. 핀테크 기반 지불결제 플랫폼은 생체 인증과 같은 안전한 방법으로 모바일 결제를 제공하고 업체에 대한 정산도 빠른 편입니다. P2P(개인과 개인의 상호작용 기반) 대출 플랫폼은 자금이 필요한 소상공인과 투자자를 연결하고 인공지능과 빅데이터 기술을 활용해 빠르게 대출을 승인합니다. 부동산, 주식, 암호 화폐, 예술품 등에 대한 자동 투자 및 관리를 제공하는 플랫폼도 인기를 끌고 있습니다.

핀테크는 주로 젊은 소비자들에게 인기를 끌고 있는데, 최근 핀테크의 목표는 모

핀테크는 금융 산업의 기존 비즈니스 모델을 파괴함으로써 은행을 비롯한 전통적인 여러 금융기관에 많은 영향을 미쳤다. 그로 인해 전통적인 금융기관들도 적극 핀테크를 수용하고 새로운 서비스를 선보이게 됐다.

바일, 플랫폼, 인공지능 기술 등을 활용해 소비자와 기업에 더 효율적이고 사용자 친화적인 금융 서비스를 제공하는 것입니다. 또한 핀테크를 잘만 이용하면 전통적인 은행 시스템에서 소외되었던 사람들이 금융 서비스를 더 쉽게 접근하고 저렴하게 이용할 수 있어 '금융 포용성Financial Inclusion'을 높일 수 있지요.

금융 포용성이란 금융 약자를 포함한 모든 사람이 저렴하고 손쉽게 금융 상품 및 서비스에 접근할 수 있도록 하는 노력을 말합니다. 예를 들어, 모바일 결제와 디지털 지갑은 개발도상국 사람들이 금융 서비스에 더 쉽게 접근할 수 있게 해 주었고, P2P 대출 플랫폼은 소상공인에게 새로운 자금 조달 기회를 열어 주었습니다.

유명 핀테크 기업으로 온라인 결제 플랫폼 페이팔PayPal, 모바일 투자 플랫폼 로빈후드Robinhood, 온라인 보험 회사 레모네이드Lemonade, 소기업 대상 디지털 결제 시스템을 공급하는 스퀘어Square 등이 있으며 국내 핀테크 기업으로는 토스Toss, 카카오페이 등이 잘 알려져 있습니다.

# 크라우드펀딩

음악, 게임, 테크 제품의 제작 자금을
마련하는 방법은?

크라우드펀딩Crowdfunding은 벤처 투자가로부터 투자를 받거나 은행 대출을 신청하는 것과 같은 전통적인 자금조달 방법에 대한 새로운 대안으로 등장했습니다. 크라우드펀딩은 개인이나 단체, 기업이 인터넷을 통해 여러 사람으로부터 프로젝트나 사업 자금을 조달하는 새로운 형태의 자금조달 방법입니다.

대표적인 크라우드펀딩 플랫폼으로 킥스타터Kickstarter, 인디고고Indiegogo, 고펀드미GoFundMe 등이 있으며, 국내 플랫폼으로는 와디즈Wadiz, 텀블벅Tumblbug 등이 있습니다. 이들 크라우드펀딩 플랫폼은 각자 고유한 정책과 특징을 갖고 있습니다.

크라우드펀딩을 통해 자금을 모으고자 하는 개인이나 단체, 기업을 크리에이터Creator라고 하며, 크리에이터가 크라우드펀딩 플랫폼에서 시작하는 특정 모금 활동을 캠페인Campaign이라고 합니다. 크리에이터는 모금 목표를 설정하고 캠페인 페이지에 제품이나 프로젝트 설명, 계획, 홍보 자료 등을 등록해 캠페인을 시작합니다.

크리에이터는 사람들의 캠페인 참여를 독려하기 위해 제품이 출시되기 전 버전이나 출시 직후의 상품을 가장 먼저 이용할 수 있게 하는 얼리액세스Early Access, 한정판 제공, 크레딧 포함 등의 인센티브를 제공합니다. 크레딧Credit 포함이란 영화가 끝나면 표시되는 크레딧과 마찬가지로 음악 앨범이나 비디오 게임의 크레딧에 후원자Backer의 이름을 짧은 메시지와 함께 언급하는 것으로, 후원에 대한 감사를 표하고 공동체 의식을 구축하는 하나의 방법입니다.

**Avatar Legends: The Roleplaying Game**

...n officially licensed tabletop roleplaying game set in the world of Avatar: The Last Airbender and The Leger

£6,104,293 ⓘ
pledged of £36,395 goal

70,204
backers

36
hours to go

Back

🔖 Remind me

All or nothing. This project will
Fri, September 3 2021 12:30 AM

킥스타터는 2009년에 설립된 인기 있는 크라우드펀딩 플랫폼으로, 미국에 기반을 두고 있지만 전 세계의 크리에이터가 다양한 캠페인을 통해 프로젝트 자금을 마련하고 있다.

크리에이터는 소셜미디어를 통해 캠페인을 홍보하고 후원자는 자금을 제공합니다. 캠페인이 종료되고 모금 목표가 달성되면, 크리에이터는 모은 자금을 바탕으로 약속한 제품이나 서비스를 개발하고 약속한 일자에 제공하여 마무리합니다.

크라우드펀딩에는 몇 가지 펀딩 모델이 있는데, 기부 모델은 금전적 또는 물질적 보상을 기대하지 않고 명분에 기부하는 것입니다. 보상 모델은 결과물 보상을 대가로 자금을 제공하는 것입니다. 주식 모델은 주식 또는 이익의 일부를 대가로 투자하는 것이며, 부채 모델은 돈을 빌려주고 이자까지 받는 것입니다.

크라우드펀딩은 개인과 조직이 자금을 마련할 새로운 방법을 제공하지만, 모든 크라우드펀딩 캠페인이 성공적으로 끝나지는 않습니다. 오히려 완전히 실패하거나 후원자의 불만을 사는 경우도 종종 발생합니다. 따라서 캠페인에 후원할 때는 위험이 수반된다는 점을 인식하고 크리에이터의 약속이 실현될 가능성에 대해 면밀히 검토한 후 후원을 결정할 필요가 있습니다.

알아 두면
쓸모 있는
1분지식

054

OTT

넷플릭스는 어떻게 성공했을까?

최근 들어 언론에서 OTTOver The Top라는 용어를 종종 접할 수 있습니다. OTT란 인터넷을 이용해 방송, 영화, 드라마, 예능, 교육 등 다양한 영상 콘텐츠를 제공하는 서비스를 뜻합니다.

'Over The Top'이라는 말에는 TV 셋톱박스Set-top Box(TV가 자체적으로 수신할 수 없는 방송을 외부 신호를 받아 제공하는 장치)를 넘어서 인터넷을 통해 콘텐츠를 제공한다는 의미가 담겨 있습니다. 즉, 공중파, 케이블, 위성 텔레비전과 같은 기존 방송 시스템을 우회해 직접 시청자에게 콘텐츠를 전달한다는 뜻입니다. 원래 2000년대 초반부터 관련 업계 종사자들 사이에 쓰이던 용어인데, 이제는 좀 더 보편적인 용어가 됐습니다.

OTT 서비스의 가장 중요한 장점으로 인터넷만 연결되어 있으면 다운로드 없이 스트리밍Streaming, 즉 인터넷을 통해 콘텐츠를 실시간으로 재생하여 언제 어디서나 원하는 콘텐츠를 시청할 수 있다는 점을 꼽을 수 있습니다. 또한 여러 국가, 다양한 장르의 콘텐츠를 제공해서 시청자가 관심사와 취향에 맞게 선택할 수 있지요. 대부분의 OTT 서비스는 시청자의 관심사와 취향을 분석해 콘텐츠를 추천하는 기능을 제공합니다.

OTT 서비스는 대부분 유료이므로 구독료 또는 콘텐츠당 결제 비용을 부담해야합니다. 서비스마다 제공하는 콘텐츠가 다 다르기 때문에 원하는 콘텐츠를 모두 보려면 여러 개의 OTT 서비스를 이용해야 해서 비용 부담이 증가합니다. 일부 OTT

넷플릭스에서 한국 콘텐츠가 큰 인기를 얻으면서 넷플릭스는 K콘텐츠의 가성비와 매력을 인식하고 K콘텐츠에 대한 투자를 늘리고 있다.

서비스에는 무료 또는 저렴하게 이용할 수 있는 가격 모델도 있지만 대신 광고를 봐야 합니다.

대중적으로 큰 성공을 거둔 OTT 서비스로 미국의 넷플릭스를 꼽을 수 있습니다. 넷플릭스는 다양한 장르의 콘텐츠를 제공하고 자체적으로 제작하는 오리지널 콘텐츠도 많아 세계적으로 인기를 끌었습니다. 넷플릭스는 일찍이 오리지널 콘텐츠의 중요성을 인식하고 대규모로 투자한 업체입니다. 또한 넷플릭스는 개인화된 추천 기능을 잘 활용해 더 많은 시청을 끌어내는 것으로 알려져 있습니다.

디즈니 플러스는 디즈니, 픽사, 마블 등 자사의 인기 있는 콘텐츠로 시장에서 경쟁력을 확보하고 있습니다. 아마존 프라임 비디오는 별도 가입을 할 수도 있지만 프라임 멤버십에 가입한 고객에게는 무료로 제공하고 있습니다. 쿠팡도 아마존과 마찬가지로 로켓와우 회원을 대상으로 쿠팡플레이라는 OTT 서비스를 제공합니다. 그 외 국내 OTT 서비스로는 웨이브, 티빙, 왓챠 등이 있습니다.

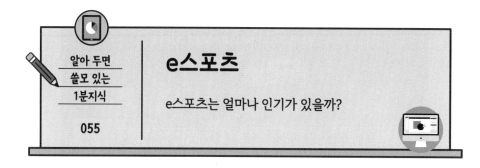

알아 두면
쓸모 있는
1분지식

055

e스포츠

e스포츠는 얼마나 인기가 있을까?

e스포츠Electronic Sports는 비디오 게임을 통해 승부를 겨루는 스포츠로, 많게는 수백만 달러 이상의 상금을 제공하는 대회에서 개인 또는 팀으로 경쟁합니다. e스포츠는 인터넷을 통해 온라인에서 진행되기도 하고 대형 경기장에서 관중들의 응원 속에 진행되기도 하지요.

e스포츠의 기원은 1970~1980년대 비디오게임 초창기로 볼 수 있지만, 지금과 같은 본격적인 e스포츠는 1990년대 후반과 2000년대 초반 온라인 게임과 인터넷의 등장으로 주목받기 시작했습니다. 이후 게임 산업의 성장과 함께 전 세계 수많은 팬과 선수가 참여하는 세계적인 현상이 되었습니다.

e스포츠 게임은 PC, 콘솔, 모바일 기기를 포함한 다양한 플랫폼을 대상으로 하며 격투 게임, 1인칭 슈팅 게임FPS, 실시간 전략 게임RTS, MOBAMultiplayer Online Battle Arena, 레이싱 게임, 배틀 로얄 등 다양한 장르의 게임을 포함합니다. 세계에서 가장 인기 있는 e스포츠 게임으로 리그 오브 레전드League of Legends, 오버워치Overwatch, 포트나이트Fortnite, 배틀그라운드BATTLEGROUNDS 등이 있습니다.

이제 e스포츠는 세계 유명 브랜드가 스폰서로 참여해 팀, 선수, 이벤트에 투자하는 커다란 비즈니스가 되었습니다. 게임 제작사나 유통사, 이벤트 기획사 등 다양한 기관이나 단체가 대회를 주최하지요. e스포츠에서 가장 크고 유명한 이벤트 두 개를 살펴보면 다음과 같습니다.

e스포츠 산업은 프로 선수를 비롯해 감독, 코치, 팀 매니저, 방송인, 이벤트 주최자에 이르기까지 다양한 직업군을 창출했다.

리그 오브 레전드 월드 챔피언십League of Legends World Championship은 게임 제작사 라이엇 게임즈가 직접 개최하는 리그 오브 레전드 관련 최대 규모의 대회이자 시즌 결산 세계 대회입니다. 리그 오브 레전드는 아주 인기 있는 게임이기 때문에 동시 접속 시청자 수와 시청 시간 부분에서 매년 최고 기록을 경신하고 있습니다.

또한 리그 오브 레전드 월드 챔피언십에 참가할 팀을 선정하기 위해 각 지역마다 프로 리그가 따로 있습니다. 특히 한국에서 열리는 LCKLeague of Legends Champions Korea 상위 팀의 활약은 세계적으로 잘 알려져 있지요. 그 외에도 LPL(중국), LEC(유럽), LCS(북미) 등의 리그가 있습니다.

포트나이트 챔피언 시리즈Fortnite Champion Series, FCS는 배틀 로얄 장르로 해외에서 큰 인기를 끌고 있는 포트나이트의 게임 제작사 에픽게임즈가 주최하는 세계 대회입니다. 포트나이트 챔피언 시리즈는 예선, 지역 본선, 세계 챔피언십 등 여러 단계로 나뉘어 있으며 각 단계에서 상금이 수여되는데 총상금이 1,000만 달러가 넘습니다.

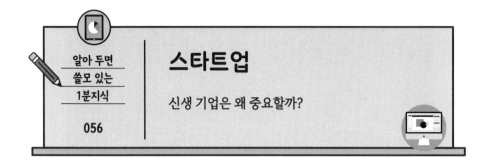

# 스타트업

### 신생 기업은 왜 중요할까?

IT 업계에서 스타트업Startup이란 기존 시장을 파괴하거나 완전히 새로운 시장을 창출하는 것을 목표로 혁신적인 기술 제품이나 서비스를 개발하는 신생 기업을 뜻하는 말입니다.

스타트업이라는 단어는 원래 컴퓨터나 엔진과 같은 기계를 시동하는 과정을 의미하는 말인데, 1970년대 컴퓨터 산업 초기에 하드웨어 또는 소프트웨어를 개발하고 판매하는 시작 과정에 있는 회사를 설명하는 데 사용되다가 차츰 대중화되었습니다. 현재는 혁신적인 제품 또는 서비스를 시장에 출시해 커다란 성공을 거두려는 신생 기업과 빠르게 성장하는 새로운 비즈니스를 설명하는 데 사용되고 있지요.

오늘날 스타트업은 일자리 창출의 원동력으로 여겨지며, 혁신적인 아이디어와 접근 방식으로 새로운 비즈니스를 추진하고 투자함으로써 기존 시장에 충격을 주고 새로운 가치를 창출합니다. 스타트업은 우리가 생활하고 일하는 방식을 바꾸고 기존 산업을 재창조할 수 있는 잠재력이 있습니다.

기존 기업과 다른 스타트업의 가장 큰 특징은 민첩성 및 유연성입니다. 스타트업은 작고 간결한 조직으로, 제품이나 서비스를 신속하게 만들고 시장에서 테스트하는 등 변화하는 시장 상황에 빠르게 적응합니다. IT 업계에서 스타트업은 인공지능, 블록체인, 사물인터넷, 클라우드 컴퓨팅 등 다양한 분야에서 등장하고 있으며 드론, 자율주행차, 로봇과 같은 하드웨어 제품을 만들기도 합니다.

스타트업은 경제 성장을 주도하고 전체 산업을 변화시킬 수 있는 새로운 제품이나 서비스를 개발하며, 새로운 일자리 창출의 주요 원천으로 사회에서 중요한 역할을 담당하고 있다.

스타트업이 회사의 지분과 교환하여 투자자로부터 자금을 조달하는 과정을 펀딩Funding이라고 합니다. 펀딩의 종류에는 초기 펀딩을 뜻하는 시드Seed 펀딩, 회사가 성장하기 위해 추가 자본을 확보하는 시리즈A 펀딩, 특정 목표 달성을 위한 후기 단계의 펀딩이 있습니다.

스타트업은 제품 및 서비스 개발과 시장 출시를 위해 스타트업에 중점을 두고 투자하는 자본인 벤처 캐피털Venture Capital, 스타트업 사업 초기에 투자하는 개인을 의미하는 엔젤 투자자Angel Investor, 크라우드펀딩 플랫폼 등에서 자금을 투자받습니다. 또한 스타트업 액셀러레이터Accelerator에 의해 도움을 받기도 합니다. 스타트업 액셀러레이터는 스타트업의 제품 개발, 추가 자금 조달과 같은 특정 목표를 돕기 위해 설립된 기관이나 프로그램을 뜻하며 초기 투자, 멘토링, 교육, 네트워킹 기회 등을 제공합니다.

# 실리콘밸리

기술 및 혁신의 허브에는
어떤 독특한 문화가 있을까?

실리콘밸리Silicon Valley는 미국 캘리포니아주 샌프란시스코 베이 에이리어의 남부 지역으로, 기술과 혁신의 허브Hub(중심지)로 알려져 있으며 세계 최고의 IT 기업, 스타트업, 엔젤 투자자, 벤처 캐피털, 액셀러레이터의 본거지입니다. 허브라는 용어를 사용하는 이유는 실리콘밸리가 신기술을 개발하고 상용화하여 관련 사업을 유치하고 지원하는 데 탁월한 역량을 갖고 있기 때문입니다.

실리콘밸리의 기원은 20세기 중반으로 거슬러 올라갑니다. 당시 실리콘밸리는 전자 및 반도체 제조의 중심지로 막 부상하고 있었지요. 반도체는 주재료가 실리콘이라서 실리콘 칩이라고 불렸고 이 지역에 실리콘 칩 제조사들이 많이 모여 있어 실리콘밸리라는 이름이 붙었습니다. 페어차일드Fairchild Semiconductor, 인텔, HPHewlett-Packard 등과 같은 기업들이 이 지역을 기술 혁신의 중심지로 만드는 데 여러 가지 기여를 했습니다.

오늘날 실리콘밸리는 구글, 애플, 메타(구 페이스북) 등과 같은 거대 기업부터 인공지능, 가상현실, 심지어는 생명공학 분야의 스타트업에 이르기까지 다양한 기업의 본거지입니다. 특히 이 지역에는 컴퓨터 과학 분야에서 명성이 높은 스탠퍼드대학교가 있습니다. 그리고 멀지 않은 곳에 캘리포니아대학교 버클리 캠퍼스, 로렌스 버클리 국립 연구소(기초 연구와 응용 연구를 모두 수행하는 미국의 대표적인 연구 기관 중 하나)도 있습니다. 실리콘밸리에는 공동작업 공간이 많으며 스타트업 커뮤니티도 활발합니다.

실리콘밸리는 기술 혁신과 기업가정신을 중시하며, 미국뿐만 아니라 세계 경제 성장을 주도하고 기술과 혁신의 미래를 만드는 데 중요한 역할을 하고 있다.

실리콘밸리는 위험감수Risk-taking, 기업가 정신Entrepreneurship, 협업 등 독특한 문화로도 유명합니다. 기업가 정신은 비즈니스 기회를 파악하고, 과감하게 새로운 기업을 시작하며 어려움을 극복하면서 사업을 전개하는 태도와 행동을 뜻합니다. 혁신에 집중하는 능력, 변화에 적응하는 능력, 강한 자기 동기부여 및 인내 등을 포함하지요.

그러나 실리콘밸리는 주거 비용이 매우 비싸고, 교통이 혼잡하며 인종 및 성별 다양성 문제에 대한 포용력이 부족하다는 문제가 있습니다. 그로 인해 최근 책임감 있고 지속가능한 접근 방식에 대한 관심과 행동을 촉구하는 목소리가 커지고 있습니다.

각 나라에는 실리콘밸리와 유사한 지역이 존재하는데 한국 판교테크노밸리, 이스라엘 텔아비브, 인도 방갈로르, 중국 선전 등이 유명합니다. 이들 지역은 기술과 혁신에 중점을 둔다는 점에서 실리콘밸리와 유사하지만 각각의 고유한 강점이 있습니다.

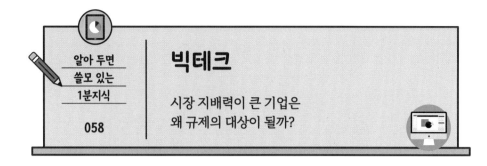

# 빅테크

시장 지배력이 큰 기업은
왜 규제의 대상이 될까?

빅테크Big Tech는 세계에서 가장 크고 영향력 있는 거대 IT 기업을 뜻하는 용어로, 공식적인 정의는 없지만 일반적으로 미국에 기반을 둔 다섯 개 회사(애플, 아마존, 구글, 메타, 마이크로소프트)를 뜻합니다.

빅테크라는 용어를 어떤 맥락에서 사용하는가에 따라 넷플릭스, IBM, 인텔, 오라클 같은 회사가 포함될 수도 있고 그렇지 않을 수도 있습니다. 국내 기업인 네이버, 카카오를 국내 시장 한정 빅테크라고 볼 수도 있습니다.

빅테크는 다른 기업과 구별되는 특징이 있습니다. 그중 하나는 시장 지배력으로, 빅테크는 특정 분야에서 매우 높은 시장 점유율로 시장을 지배합니다. 예를 들어, 구글은 검색엔진 시장을, 아마존은 전자상거래 시장을, 페이스북은 소셜미디어 시장을 지배하고 있습니다.

빅테크는 방대한 양의 데이터를 수집하고 분석해 제품 및 서비스를 개선하고 수익을 창출하는 데 사용합니다. 빅테크는 수집한 데이터를 정교하게 분석할 수 있는 역량을 갖추고 있으며, 이를 기반으로 사용자에게 개인화된 경험을 제공합니다. 또 데이터를 사용해 광고하고 제품과 서비스를 판매하여 결과적으로 상당한 수익을 창출합니다.

빅테크는 대규모로 연구를 진행하고 개발할 수 있는 예산을 보유해, 최고의 인재를 유치할 수 있는 능력도 갖추고 있습니다. 그리고 이를 기반으로 새로운 제품과 서

빅테크는 강력한 브랜드와 시장 지배력, 대규모 사용자, 막대한 자금력, 데이터로 수익을 창출하는 역량 등 주목할 만한 강점을 가진 반면, 그로 인해 규제의 대상이 되기도 한다.

비스를 시장에 출시하고 강력하게 마케팅을 전개하지요. 특히 플랫폼 기업으로서 사용하는 사람이 많을수록 가치가 더 높아지는 네트워크 효과Network Effect의 혜택을 크게 누립니다. 예를 들어, 아마존을 이용하는 사람이 많으면 많아질수록 구매자와 판매자에게 아마존은 더욱더 매력적인 서비스가 됩니다.

빅테크의 사업은 기술, 시장, 소비자 트렌드에 맞춰 지속적으로 진화하고 있습니다. 빅테크는 기술 혁신의 최전선에 있고 시장에서 중요한 역할을 수행하며 업계 전반에 미치는 영향도 상당합니다. 하지만 한편으로는 시장 독점, 개인정보 보호 문제, 가짜 뉴스 확산, 세금 회피, 에너지 사용, 근로 조건 문제, 정치적 영향력 등으로 인해 비판의 대상이기도 하며, 이에 관련해 규제기관으로부터 지속적인 감시를 받고 있기도 합니다.

최근 들어 빅테크에 대한 윤리 및 책임 의식에 대한 요구가 더욱 커지고 있어, 이에 적절하게 대응하고 비즈니스를 개선하는 것이 중요한 과제로 평가받고 있습니다.

# 마이크로소프트

우리나라의 1년 GDP보다 시가 총액이 높은
기업이 있다?

마이크로소프트Microsoft는 윈도우Windows 운영체제와 오피스Office 제품군, 클라우드 서비스 애저Azure, XBOX 콘솔과 게임, 검색엔진 빙Bing을 비롯해 다양한 소프트웨어 및 서비스를 제공하는 다국적 IT 기업입니다.

마이크로소프트는 미국 워싱턴주 레드먼드에 본사를 두고 있으며 전 세계적으로 18만 명 이상의 직원이 근무하고 있습니다. 2023년 2월 기준 마이크로소프트의 시가총액은 약 2조 달러(한화로 2,500조 원)에 달하는데, 이는 우리나라의 2022년 국내총생산GDP인 1,965조 원보다 높은 수치입니다.

마이크로소프트는 빌 게이츠Bill Gates와 어린 시절 친구였던 폴 앨런Paul Allen이 1975년에 설립한 회사입니다. 당시에는 막 대중화되기 시작한 PC용 소프트웨어를 개발하고 판매하는 회사였지요. 회사의 첫 번째 제품은 게이츠와 앨런이 단 몇 주 만에 작성한 8비트 PC용 베이직BASIC 프로그래밍 언어였습니다.

PC 산업이 성장하기 시작하면서 마이크로소프트는 IBM용 소프트웨어 개발로 초점을 옮겼고, 그것이 MS-DOS와 윈도우의 개발로 이어졌습니다. 그 결과로 마이크로소프트는 세계에서 가장 크고 가장 영향력 있는 IT 기업 중 하나로 성장했습니다.

마이크로소프트는 전 세계 데스크톱 및 노트북 컴퓨터에서 사용되는 윈도우와, 기업용으로 널리 사용되는 윈도우 서버Windows Server 운영체제로 잘 알려져 있습니다. 또한 마이크로소프트 오피스라는 생산성 소프트웨어 제품군을 제공하는데 여기

마이크로소프트 본사는 시설이 넓은 지역에 분산되어 있고 직원 간의 공동체 의식과 협업을 창출하도록 설계된 디자인과 구조로 인해 '캠퍼스'라고 불린다.

에는 워드, 엑셀, 파워포인트, 원노트, 아웃룩이 포함되어 있으며 최근에는 협업 소프트웨어 팀즈Teams도 추가되었지요.

또한 클라우드 서비스 애저를 통해 기업이 필요로 하는 각종 서버와 데이터 저장공간, 데이터 분석 도구, 다양한 클라우드 애플리케이션도 제공하고 있습니다. XBOX 게임 콘솔 브랜드도 소유하고 있어 XBOX 플랫폼을 위한 다양한 게임 및 게임 액세서리를 제공합니다.

마이크로소프트는 인터넷 서비스 기업이기도 합니다. 빙 검색엔진을 소유하고 있으며 마이크로소프트 광고Microsoft Advertising라는 브랜드로 온라인 광고 사업도 하고 있습니다.

하드웨어 분야에서도 다양한 사업을 펼치고 있습니다. 마이크로소프트는 키보드 및 마우스, 서피스Surface 노트북 및 태블릿 제품군, 혼합현실 헤드셋 홀로렌즈HoloLens을 비롯한 다양한 하드웨어 제품도 판매합니다.

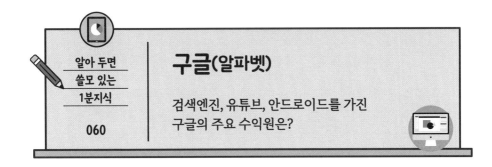

# 구글(알파벳)

검색엔진, 유튜브, 안드로이드를 가진
구글의 주요 수익원은?

구글Google은 검색엔진, 지메일, 구글 지도, 유튜브, 구글 드라이브 등 다양한 인터넷 서비스로 우리에게 이미 익숙한 기업입니다. 그 외에도 모바일 운영체제 안드로이드 Android, 크롬Chrome 웹 브라우저 등의 소프트웨어를 제공하며 광고 사업을 펼치고 있지요.

구글은 1998년 미국 캘리포니아주 스탠퍼드대학교 박사과정 학생인 래리 페이지Larry Page와 세르게이 브린Sergey Brin에 의해 설립되었습니다. 구글은 처음에 방대한 인터넷에서 효율적으로 정보를 정리하고 검색하는 방법을 만들기 위한 연구 프로젝트로 시작되었습니다. 구글이라는 이름은 10의 100제곱을 가리키는 수학 용어인 구골Googol에서 따온 것으로, 인터넷에 있는 방대한 양의 정보를 정리하겠다는 비전을 반영하고 있습니다.

구글의 검색 알고리즘은 정확성과 속도로 인해 빠르게 인기를 얻었습니다. 구글은 2004년 증시에 상장했는데 당시 대규모 자금(16억 7,000만 달러)을 모아 큰 화제가 됐습니다. 이후 구글의 주가는 꾸준히 상승했으며, 검색엔진을 넘어 다양한 인터넷 서비스와 모바일 운영체제까지 소유하며 세계에서 가장 가치 있는 회사 중 하나가 됐습니다.

특히 구글은 최고의 인재를 채용하기 위해 큰 노력을 기울이는 기업으로 유명합니다. 구글은 독창성, 혁신, 협업을 촉진하도록 수평적인 조직 구조를 유지하며 직원

구글은 직원들이 창의적으로 생각하고 위험을 감수하면서 새로운 시도를 할 수 있도록 장려하는 기업 문화와 근무 환경을 갖고 있다.

들의 성장을 위해 다양한 교육 프로그램을 제공합니다.

구글 공동 창업자들은 사업 분야를 확장하기 위해 2015년 지주회사(다른 회사를 소유하고 관리하기 위한 만든 회사) 알파벳Alphabet을 만들었고, 현재 구글은 알파벳의 자회사입니다. 바둑 AI 알파고AlphaGo 개발사로 유명한 딥마인드DeepMind, 자율주행차 기술을 개발하는 웨이모Waymo도 알파벳의 자회사입니다. 참고로 딥마인드를 비롯해 유튜브, 안드로이드는 모두 구글이나 알파벳이 처음으로 설립한 게 아니라 인수한 회사들입니다.

알파벳의 주요 수익원은 검색엔진, 유튜브, 안드로이드 기반의 광고입니다. 그런데 최근 기술 경쟁이 치열해지면서 여러 분야에서 도전에 직면하고 있습니다. 또한 인터넷 검색 및 광고 시장에서의 지배력을 이용해 경쟁을 제한했다는 이유로 미국과 유럽에서 반독점 조사를 받고 거액의 벌금을 물기도 했습니다. 그에 따라 알파벳은 인공지능, 클라우드 컴퓨팅, 자율주행차 등 첨단 기술에 투자하며 신사업을 창출하기 위해 노력하고 있습니다.

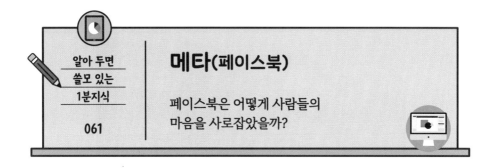

알아 두면
쓸모 있는
1분지식

061

# 메타(페이스북)

페이스북은 어떻게 사람들의
마음을 사로잡았을까?

세계적으로 가장 성공한 소셜 네트워크 플랫폼인 페이스북Facebook은 2004년 마크 저커버그Mark Zuckerberg 및 공동 창업자들에 의해 설립된 기업입니다. 소셜 네트워크 Social Network란 개인이 공개 또는 비공개 프로필을 만들고 유사한 관심사나 취향을 공유하는 타인과 연결해 주는 인터넷 서비스입니다. 페이스북의 등장 이후 소셜 네트워크는 전 세계 수십억 명의 사용자가 이용하는 세계적인 현상이 됐습니다.

사람들은 개인적이거나 직업적인 이유로 다른 사람과 관계를 맺고 유지하려고 합니다. 페이스북은 사람들의 이러한 욕구를 소셜 네트워크로 구현했지요. 페이스북은 타인과 뉴스나 의견을 공유하고 사교 활동이나 취업 활동 등 다양한 사회적 상호작용이 가능하도록 서비스를 구축했습니다.

페이스북에서 사용자는 프로필을 만들고 친구 및 가족과 연결하고 사진, 동영상, 뉴스 기사와 같은 콘텐츠를 공유할 수 있습니다. 또한 그룹, 이벤트, 메시징 등의 기능도 포함되어 있으며 상품 구매 및 판매를 할 수 있는 온라인 상점인 마켓플레이스와 기업 커뮤니케이션 및 협업을 위한 서비스인 워크플레이스Workplace를 추가해 플랫폼을 확장하였습니다.

페이스북은 주로 광고를 통해 수익을 창출합니다. 광고주는 페이스북이 사용자로부터 수집한 데이터를 기반으로 특정 성별이나 연령대, 관심사 및 행동에 맞는 광고를 게시할 수 있습니다. 이러한 소셜 광고 모델은 매우 성공적이었으며 페이스북

의 성공에 크게 기여했습니다.

페이스북은 2012년 인스타그램 Instagram을 10억 달러에 인수했는데, 인수 당시 사용자 수는 약 3,000만 명이었지만 2023년 기준으로 13억 명이 사용하는 거대 플랫폼으로 성장했습니다. 또한 페이스북은 카카오톡과 같은 메시징Messaging 앱의 원조라 할 수 있는 왓츠앱WhatsApp을 2014년 190억 달러에 인수했습니다. 2023년 기준 왓츠앱은 20억 명의 사용자를 가진 세계 1위 메시징 앱입니다. 또한 페이스북은 2014년 가상현실 플랫폼 기업 오큘러스 VROculus VR을 20억 달러에 인수한 바 있습니다.

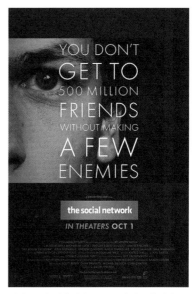

페이스북의 탄생 비화는 2010년 개봉한 영화 「소셜 네트워크(The Social Network)」를 통해 잘 알려지게 됐다. 영화는 페이스북 설립 초기에 벌어진 갈등과 법적 분쟁을 다루고 있다.

2021년 말 페이스북은 사명을 메타(완전한 명칭은 Meta Platforms이지만 주로 Meta로 표기합니다)로 변경했고 페이스북은 서비스명으로 남게 됐습니다. 마크 저커버그는 사명을 변경한 이유가 완전 몰입형 가상공간을 제공하는 메타버스Metaverse 비전에 중점을 두기 위한 것이라고 밝혔습니다.

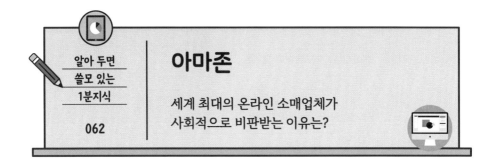

# 아마존

세계 최대의 온라인 소매업체가
사회적으로 비판받는 이유는?

아마존Amazon.com은 책, 전자제품, 의류, 가정용품 등 다양한 제품을 판매하는 전자상거래 사이트로 유명합니다. 그리고 아마존닷컴에 비하면 상대적으로 덜 알려져 있지만, 기업에 다양한 클라우드 기반 인프라와 서비스를 제공하는 AWSAmazon Web Services 역시 아마존의 주 수익원입니다.

아마존은 1994년 투자회사에서 일하던 제프 베이조스Jeff Bezos에 의해 설립되었으며, 미국 워싱턴주 시애틀에 본사가 있습니다. 제프 베이조스는 인터넷과 전자상거래 분야에서 새로운 기회를 찾고 있었고, 여러 사업 아이템을 검토한 끝에 온라인 서점을 만들기로 했습니다. 당시 인터넷은 초기 단계였으며 전자상거래는 새로운 개념이었습니다.

제프 베이조스는 크고 독특한 것을 암시하는 이름을 원했고, 세계에서 가장 큰 강인 아마존강에서 영감을 얻어 사명을 정했습니다. 아마존은 온라인 서점으로 시작했지만 CD, DVD, 전자제품, 의류를 비롯해 모든 종류의 제품을 취급하며 빠르게 확장되었습니다. 또한 고객 리뷰 및 추천 기능에 중점을 두어 고객이 정보에 근거해 구매 결정을 내릴 수 있도록 했습니다.

아마존은 우수한 고객 서비스를 제공하며 고객 중심 회사를 만드는 데 집중했습니다. 365일 24시간 고객 응대, 신속한 배송, 문제 발생 시 즉시 환불 등과 같은 아마존의 고객 중심 서비스는 아마존이 빠르게 성장하고 세계 최대의 온라인 소매업체가

아마존 시애틀 본사에는 '아마존 스피어스(Amazon Spheres)'라고 불리는 유리 돔이 있다. 스피어스 내에는 50개국에서 가져온 40만 개의 식물이 있어 직원들이 자연 친화적인 환경에서 일하고 휴식을 취할 수 있도록 했다.

되는 데 크게 기여했습니다.

아마존은 유료 회원제 프로그램인 프라임Prime 멤버십을 통해 2일 내 무료 배송, 영화 및 TV쇼, 음악 등 콘텐츠 스트리밍 서비스, 회원 한정 할인 등 다양한 혜택을 제공하며 전 세계적으로 약 2억 명 이상의 프라임 가입자를 보유하고 있습니다.

쇼핑몰 운영 외에도 아마존은 광범위한 클라우드 기반 인프라, 플랫폼 및 소프트웨어 서비스를 제공하는 클라우드 사업을 통해서도 큰 수익을 올리고 있습니다. 놀라운 사실일 수도 있지만, 아마존은 AWS로 인해 클라우드 세계 시장 1위 자리를 유지하고 있습니다. 또한 자체적으로 만든 킨들Kindle 전자책 리더, 파이어 태블릿과 같은 하드웨어 제품도 판매하고 있습니다.

한편으로 아마존은 장시간 근무, 제한된 휴식 시간, 높은 생산성 목표 등 직원들에 대한 열악한 근무 조건과 낮은 임금으로 적지 않은 사회적 비판을 받아 왔습니다. 아마존은 이러한 문제를 해결하기 위해 여러 조치를 취하겠다고 밝혔지만 여전히 규제기관, 시민단체들은 감시의 눈길을 멈추지 않고 있습니다.

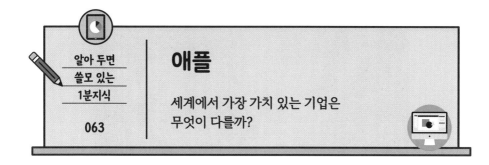

# 애플

세계에서 가장 가치 있는 기업은
무엇이 다를까?

애플Apple은 아이폰, 아이패드, 맥 컴퓨터를 비롯해 다양한 하드웨어 및 소프트웨어
제품, 온라인 서비스를 제공하는 기업으로, 본사는 미국 캘리포니아주 쿠퍼티노에
있습니다. 애플은 특유의 감성을 가진 하드웨어 제품뿐만 아니라 음악, 영화 등 디지
털 콘텐츠를 제공하는 서비스로도 잘 알려져 있지요.

애플은 1976년 스티브 잡스Steve Jobs, 스티브 워즈니악Steve Wozniak, 로널드 웨인
Ronald Wayne이 설립했습니다. 하지만 웨인이 금전 문제와 잡스와의 갈등으로 창업
12일 만에 회사를 떠났기에 일반적으로 잡스와 워즈니악을 공동 창업자로 보고 있
습니다. 당시 웨인은 자신의 지분을 800달러에 매각했는데, 이를 현재의 애플 기업
가치로 환산하면 약 3,000억 달러에 달합니다.

애플은 사업 초기 8비트 컴퓨터 애플II로 큰 상업적 성공을 거두었고, 이를 통해
1980년 증시에 상장했습니다. 1984년 애플은 사용하기 쉬운 그래픽 사용자 인터
페이스Graphical User Interface, GUI를 갖춘 개인용 컴퓨터 매킨토시Macintosh를 출시했습
니다. 잡스는 1985년 이사회와의 권력 다툼 끝에 애플을 떠났고 넥스트 컴퓨터NeXT
Computer를 설립했습니다.

그러나 1980년대 후반부터 1990년대 초반에 걸쳐 애플은 판매 감소와 다른 컴
퓨터 제조업체와의 경쟁 심화로 어려움을 겪었습니다. 이 어려움을 타파하기 위해
1997년 잡스는 임시 CEO로 애플에 다시 돌아왔고, 아이맥iMac, 아이팟iPod을 비롯한

애플은 대중을 사로잡는 고품질의 사용자 친화적인 제품을 생산하며, 세계에서 가장 가치 있는 브랜드이자 2023년 시가총액 기준으로 세계 최대의 상장 기업이다.

혁신적인 제품을 출시해 거듭 성공을 거두었습니다.

2000년대 초반 애플은 자체 소매점을 개설했고, 2007년 첫 번째 아이폰을 출시했습니다. 지금은 그냥 애플로 불리지만 원래 애플의 이름은 애플 컴퓨터Apple Computer였습니다. 2007년 당시 CEO였던 잡스는 사명에서 컴퓨터라는 단어를 삭제하면서 앞으로 아이폰 및 더 광범위한 제품으로 사업 분야를 확장하기 위한 조치라고 밝혔습니다.

애플의 비즈니스는 2008년 앱스토어 출시, 2010년 아이패드 출시로 이어졌습니다. 2011년 잡스가 세상을 떠나고 팀 쿡Tim Cook이 CEO로 선임된 이후에도 애플은 계속해서 번창하고 있으며 IT 분야의 글로벌 리더이자 업계에서 가장 영향력 있는 회사로 손꼽히고 있습니다.

애플은 혁신, 디자인, 사용자 경험에 중점을 두고 있으며 특히 충성도 높은 대규모 고객 기반을 보유하고 있는 것으로도 유명합니다.

# 포모는 어떻게 중독을 일으킬까?
## _소셜미디어 중독

인스타그램, 페이스북, 스냅챗, 틱톡 등과 같은 소셜미디어 이용이 증가하면서 부정적인 영향도 늘어나고 있습니다. 소셜미디어 중독은 개인이 일상생활과 업무에 부정적인 영향을 미칠 정도로 소셜미디어 사용에 지나치게 의존하는 심리적 상태를 말합니다.

미국 심리학회American Psychological Association, APA의 조사에 따르면, 미국 성인의 58%가 소셜미디어의 이용이 외로움과 고립감을 유발한다고 답했습니다. 소셜미디어 사용자가 비사용자보다 외롭고 고립된 느낌을 더 많이 느꼈으며, 특히 하루에 2시간 이상 소셜미디어를 사용하는 사람들은 하루 30분 미만을 사용하는 사람들보다 외로움과 고립감을 더 많이 느끼는 것으로 조사되었습니다.

영국 왕립공중보건학회Royal Society for Public Health, RSPH의 조사 결과, 소셜미디어 중에서는 특히 인스타그램이 청소년의 정신 건강에 부정적인 영향을 미칠 가능성이 가장 큰 플랫폼인 것으로 나타났습니다. 청소년들은 소셜미디어로 인해 불안, 우울증 증가, 수면 문제, 자존감 및 자기 신체에 대한 부정적인 느낌 등 여러 가지 영향을 받고 있습니다.

한국지능정보사회진흥원은 스마트폰 과의존 실태조사를 정기적으로 진행하고

있습니다. 2022년 발표된 조사 결과에 따르면, 만 3~69세 이용자 중 24.2%가 SNS 중독을 포함한 스마트폰 과의존 위험군인 것으로 나타났습니다. 스마트폰 과의존 위험군은 매년 증가하는 추세이고, 특히 유아동과 청소년이 지속적으로 가장 높은 위험군에 속하는 것으로 조사되었습니다.

소셜미디어는 중독성이 있어 과도한 사용으로 이어지기 쉽고, 그에 따라 정신 및 신체 건강, 인간관계, 생산성 등에 다양한 문제를 일으킬 수 있다.

소셜미디어 중독이 발생하는 이유로는 여러 가지를 꼽을 수 있습니다. 기본적으로 소셜미디어는 즐거움 및 보상과 관련된 신경 전달 물질인 도파민의 방출을 유발하도록 설계되어 있습니다. 또한 친구 및 동료와 함께해야 한다는 사회적 압력으로 인해 소셜미디어 중독이 촉발될 수도 있습니다.

흥미롭거나 중요한 무언가를 놓치는 것에 대한 두려움을 포모Fear of Missing Out, FOMO라고 합니다. 포모는 다른 사람들이 자신 없이 즐거운 일을 경험하고 있음을 인식할 때 발생하는 불안감입니다. 소외에 대한 두려움인 것이지요. 포모가 과도한 소셜미디어 이용을 불러올 수 있고, 또한 소셜미디어 이용이 포모를 더욱 증가시켜 불안감, 질투, 실망 등의 감정이 더 증폭될 수도 있습니다.

소셜미디어 중독은 복잡하고 개인에 따라 유발 요인에 차이가 있으며, 여전히 연구가 진행 중이라 명확하지 않은 부분이 많습니다. 만일 소셜미디어 중독으로 인해 어려움을 겪고 있다면, 혼자서 해결하려고 노력하기보다는 가족과 전문가의 도움을 받아 문제를 진단하고 해결 방안을 찾는 것이 좋습니다.

# 빅테크에 대한 우려와
# 비판이 커지는 이유는?
## _빅테크 규제

아마존, 애플, 구글, 메타, 마이크로소프트와 같은 빅테크의 시장 지배력 남용에 대한 우려가 커지면서 정부의 규제 및 감시가 강화되고 있으며 시민단체들의 비판도 늘어나고 있습니다.

빅테크는 거대 플랫폼을 바탕으로 규모의 경제Economies of Scale를 활용하여 비용을 절감하고 효율성을 높입니다. 규모의 경제란 상품이나 서비스를 더 많이 생산할수록 생산 단위 비용이 감소하는 원리를 말하지요. 그래서 빅테크는 중소기업이나 스타트업이 감당할 수 없는 저렴한 가격으로 인프라를 구축할 수 있고 더 낮은 가격으로 서비스를 제공할 수 있습니다. 빅테크는 브랜드 인지도, 첨단 기술력, 자금력, 엘리트 인재 등의 강점을 바탕으로 소규모 업체들이 시장에 진입하고 경쟁하기 어렵게 만듭니다.

가짜 뉴스도 문제입니다. 빅테크에 대해 강한 규제를 주장하는 이들은 많은 권한과 영향력을 가진 빅테크가 증오심이 담긴 콘텐츠와 잘못된 정보를 유통하고 있기 때문에 유해한 콘텐츠가 확산되지 않도록 더 많은 조치를 취해야 한다고 주장합니다. 2017년 독일은 네트워크 시행법NetzDG이라는 법률을 도입했는데, 이 법은 소셜 미디어 기업이 24시간 이내에 증오심 표현, 명예 훼손, 폭력 선동 등이 담긴 불법 콘

텐츠를 삭제하지 않으면 최대 5,000만 유로의 벌금을 부과하도록 규정하고 있습니다.

노동 관행에 대한 비판도 거셉니다. 일부 빅테크는 낮은 임금으로 계약직 노동자를 채용해 안전하지 않은 노동 환경에서 근무하도록 하여 비판받고 있습니다. 그래서 빅테크의 노동 관행에 대한 규제와 감독을 강화해야 한다는 요구가 계속 커지고 있습니다.

빅테크가 시장을 지배하면서 경쟁이 제한되고 혁신이 줄어들고 있다는 비판이 늘어났으며, 독점을 막고 경쟁을 촉진하고 잘못된 노동 관행을 개선하기 위해 적절한 규제가 필요하다는 목소리가 커지고 있다.

빅테크가 그간 온갖 방법을 동원해 세금을 회피해 온 것도 커다란 비판 대상입니다. 빅테크는 막대한 수익을 창출하면서도 각국 조세 제도의 허점을 이용해 합법적으로 세금을 거의 납부하지 않은 것으로 잘 알려져 있습니다. 주로 세율이 낮은 국가에 본사를 두는 방식으로 세금을 회피하는 것이지요.

빅테크의 탈세에 대해 여러 국가에서 우려를 표명하면서 2019년 프랑스가 디지털 서비스세Digital Services Tax를 도입했고, 2020년 영국도 디지털 서비스세를 도입했습니다. 이후 세계 여러 국가에서 디지털 조세 개혁을 추진하고 있으며 G20과 OECD도 협력해서 빅테크에 대해 최소 법인세율 15% 이상을 과세하기로 합의한 상태입니다.

# 4장

# 인터넷과 보안

- [✓] 네트워크
- [ ] IP 주소
- [ ] 도메인 네임
- [ ] URL
- [ ] DNS
- [ ] HTTP와 HTTPS
- [ ] 와이파이
- [ ] 인터넷 공유기
- [ ] 5G · 6G 이동통신
- [ ] HTML과 XML
- [ ] 웹 브라우저
- [ ] 자바스크립트
- [ ] 검색엔진
- [ ] P2P
- [ ] 암호화
- [ ] 정보 보안
- [ ] 악성코드
- [ ] 해킹과 해커
- [ ] 사회공학

# 네트워크

LAN, WLAN, WAN은 어떻게 다를까?

네트워크Network는 통신 및 데이터 교환을 위해 함께 연결된 장치들의 모음을 나타내는 용어입니다. 건물 단위의 소규모 네트워크부터 국가 전체 또는 대륙에 걸친 대규모 네트워크에 이르기까지 크기는 다양합니다. 네트워크는 지리적 범위, 통신 방법에 따라 분류할 수 있는데 몇 가지 주요 유형의 네트워크가 있습니다.

LANLocal Area Network은 일반적으로 단일 건물이나 대학의 캠퍼스 내와 같이 비교적 협소한 지리적 영역을 포괄하는 네트워크입니다. LAN은 컴퓨터, 프린터, 기타 장치를 연결해 통신 및 파일 공유 등을 하는 데 사용됩니다. WLANWireless Local Area Network은 무선 통신을 사용해 장치를 네트워크에 연결하는 LAN의 일종으로, WLAN에서 사용하는 기술 중 하나가 와이파이Wi-Fi입니다. WLAN은 일반적으로 가정, 사무실, 커피숍, 공항과 같은 장소에서 사용됩니다. WANWide Area Network은 도시 또는 국가와 같은 넓은 지리적 영역에 걸쳐 있는 네트워크를 의미합니다. WAN은 일반적으로 서로 다른 LAN을 함께 연결하여 멀리 떨어져 있는 지역 사이에 통신 및 데이터 교환을 가능하게 하는 데 사용됩니다.

네트워크에서 전송되는 데이터의 양, 즉 트래픽Traffic이 많아지면 네트워크 정체가 발생해 데이터 전송 속도가 느려질 수 있습니다. 네트워크 트래픽을 효과적으로 관리하기 위해 관리자는 대역폭 관리, 트래픽에 우선순위를 부여하는 기술인 QoSQuality of Service 등 다양한 방법을 사용해 중요한 네트워크 트래픽이 덜 중요한

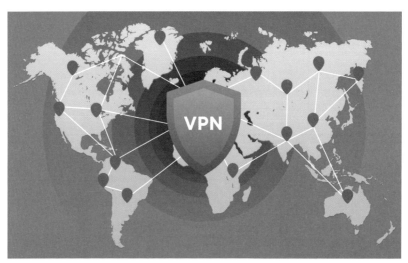

VPN을 사용하면 네트워크 접속 위치를 변경할 수 있어 특정 지역이나 국가에서 제한되는 서비스에 액세스할 수 있다.

트래픽보다 우선적으로 처리되도록 할 수 있습니다.

인터넷을 통해 장치와 네트워크를 안전하게 연결하는 데 사용하는 네트워크 기술로 가상사설망Virtual Private Network, VPN이라는 기술이 있습니다. VPN은 연결하려는 장치와 VPN 서버 간에 암호화되어 안전하게 격리된 경로인 터널Tunnel을 생성합니다. VPN 서버는 전 세계 어디에나 위치할 수 있지요. 하지만 VPN 서버를 거쳐 통신이 이루어지므로, 데이터 전송 속도가 느려지는 단점이 있습니다.

장치가 VPN에 연결되면 모든 트래픽을 VPN 서버를 통해 주고받게 됩니다. 이때 터널은 공격자가 가로채거나 도청하지 못하도록 데이터를 보호합니다. 모든 트래픽이 암호화되기 때문에 공격자가 데이터를 가로채더라도 데이터를 읽을 수 없다는 장점이 있습니다.

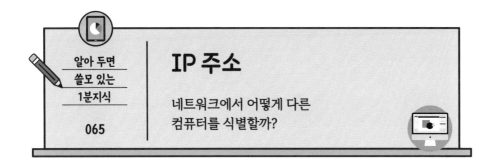

# IP 주소

네트워크에서 어떻게 다른
컴퓨터를 식별할까?

IPInternet Protocol 주소는 인터넷에 연결된 모든 장치에 할당된 고유 식별자로, 인터넷에서 네트워크의 장치를 식별하고 통신하는 데 사용됩니다. 또한 지리적 위치를 식별하거나 네트워크 관리, 보안, 문제 해결 같은 기타 목적에도 사용됩니다. 프로토콜이란 장치 간에 정보를 전송하고 수신하는 방법을 규정한 규칙을 말하지요. 간단히 말해 IP는 인터넷을 위한 통신 규약입니다.

IP 주소에는 두 가지 버전이 있습니다. IPv4Internet Protocol version 4 주소는 32비트 숫자이며, 192.168.0.2와 같이 마침표로 구분된 네 개의 10진수 집합으로 표현됩니다. IPv4 주소의 수는 제한되어 있으며 사용할 수 있는 주소 공간이 거의 소진되었습니다.

IPv6 Internet Protocol version 6 주소는 IPv4의 주소 고갈 문제를 해결하기 위해 만들어진 체계로 IPv4 주소보다 훨씬 큰 주소 공간을 제공합니다. IPv6 주소는 128비트 숫자이며, 2001:0db8:85a3:0000:0000:8a2e:0370:7334와 같이 콜론으로 구분된 8개의 16진수Hexadecimal(숫자 0~9와 문자 A-F의 16개 기호로 나타내는 번호 체계) 집합으로 표현됩니다.

IP 주소는 고정이거나 동적일 수 있습니다. 고정 IP 주소는 인터넷 서비스 제공업체Internet Service Provider, ISP가 고객에게 할당하거나 네트워크 관리자가 로컬 네트워크 장치에 수동으로 할당하며 변경되지 않습니다. 반면에 동적 IP 주소는

IP 주소는 인터넷 사용에 필요한 가장 기본적인 요소이며, 장치들이 네트워크를 통해 서로 식별하고 통신할 수 있도록 하는 데 중요한 역할을 한다.

DHCPDynamic Host Configuration Protocol 서버에 의해 자동으로 할당되며 시간이 지나면 변경될 수 있습니다.

일반적으로 각 장치에 IP 주소를 수동으로 할당하는 데 많은 시간이 걸리며 오류가 발생하기 쉬운 네트워크 환경에서 DHCP를 사용합니다. 클라이언트 장치가 네트워크에 참여하려고 DHCP 요청을 보내면 DHCP 서버가 IP 주소 및 기타 네트워크 구성 정보를 제공합니다. 이를 IP 주소 임대라고 하며, 정해진 임대 시간 동안 사용할 수 있습니다. DHCP를 이용하면 필요한 장치에 IP 주소를 할당하고 임대가 만료되면 회수할 수 있어 IP 주소를 더욱 효율적으로 사용할 수 있습니다.

IP 주소 설정 시 사용하는 서브넷 마스크Subnet Mask는 IP 주소의 어느 부분이 네트워크 ID를 나타내고 어느 부분이 호스트 ID를 나타내는지를 결정하는 값입니다. IP 주소를 그룹화하는 방법으로, 네트워크 관리, 보안, 성능을 개선하는 데 활용합니다.

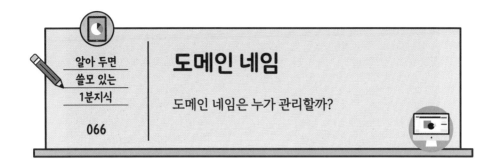

# 도메인 네임

도메인 네임은 누가 관리할까?

IP 주소는 숫자로 이루어져 있어 사람이 기억하고 읽기 어렵기 때문에 실제 IP와 연결된 기억하기 쉬운 이름을 사용하기 위해 도메인 네임Domain Name, 또는 도메인 이름이 도입되었습니다. 도메인 네임은 인터넷에서 웹 사이트를 식별하는 고유한 이름으로, 간단히 도메인이라고도 합니다.

예를 들어, 도메인 네임 example.com의 실제 IP 주소가 93.184.216.34라고 해 보겠습니다. 그런데 도메인 네임에 연결된 IP 주소는 네트워크 관리자의 설정에 따라 언제든지 다른 IP 주소로 바뀔 수 있습니다. 그렇기 때문에 IP 주소 대신 도메인 네임을 웹 주소로 사용하면 더욱 쉽게 기억하고 입력할 수 있으며, 혹 IP 주소가 변경되어도 문제없이 도메인 네임으로 접속할 수 있습니다.

도메인 네임은 점으로 구분되는 계층 구조로 되어 있으며, 최상위 도메인인 TLD와 2차 도메인인 SLD로 구성됩니다. TLDTop-Level Domain는 .com, .org, .net, .edu 등과 같이 도메인 네임에서 가장 뒤에 오는 부분입니다. com은 영리 기관, org는 비영리기관, net는 네트워크 관련기관, edu는 미국 교육기관, gov는 미국 정부 기관 등으로 용도가 정해져 있습니다. SLDSecond-Level Domain는 TLD 앞에 붙는 이름으로, 예를 들면 도메인 네임 wikipedia.org에서 wikipedia에 해당합니다.

특정 국가에 예약된 국가코드Country Code TLD도 있습니다. 한국은 kr, 일본은 jp, 중국은 cn, 영국은 uk 등으로 사용합니다. 국가코드 TLD에는 일반적으로 소속

도메인 등록기관에 따라 정책 및 제한 사항이 다를 수 있으므로, 특정 도메인 네임에 관심이 있다면 해당 TLD와 등록기관, 구매 자격을 확인할 필요가 있다.

기관을 나타내는 서브도메인Subdomain을 같이 사용하는 경우가 많습니다. 예를 들어 example.co.kr에서 co가 소속기관을 나타내는 서브도메인입니다. co는 영리 기관, or은 비영리기관, go는 정부 기관에 사용합니다.

도메인 등록기관이란 도메인 관리를 위해 1998년에 설립된 ICANNInternet Corporation for Assigned Names and Numbers로부터 승인을 받아 도메임 네임을 판매하고 관리할 수 있는 권한을 가진 회사를 말합니다.

개인, 기업 등 누구나 도메인 네임을 구입할 수 있습니다. 도메인 등록기관에서 아무도 사용하고 있지 않은 도메인 네임을 찾아 소정의 연간 비용을 지불하면 도메인 네임을 소유할 수 있습니다. 다만 .gov는 미국 정부 기관만 등록할 수 있는데, 이처럼 일부 TLD는 특정 조직만 사용할 수 있습니다.

도메인 네임 등록자는 마치 주소록과 같은 후이즈WHOIS 데이터베이스에 공개적으로 표시되며, 도메인 네임을 등록하는 사람은 이를 위해 이름, 주소, 이메일, 전화번호와 같은 정보를 제공해야 합니다.

# URL

## 웹 페이지 주소는 어떻게 구성될까?

URLUniform Resource Locator은 인터넷에서 웹 페이지, 이미지, 파일 등과 같은 특정 자원의 주소를 지정하는 표준화된 방법으로, 인터넷을 이용하는 사람이 그 주소를 읽을 방법을 제공하기 위해 만들어진 것입니다. URL이라는 용어는 1991년 웹World Wide Web, WWW을 발명한 팀 버너스리Tim Berners-Lee가 만들었습니다.

그렇다면 URL과 IP 주소, 도메인 네임은 어떤 차이점이 있을까요? IP 주소의 목적은 네트워크에 연결된 장치에 고유한 숫자 식별자를 부여해 다른 장치와 통신할수 있도록 하는 것으로, 장치 간의 식별과 통신에 초점을 두고 있습니다. 도메인 네임과 URL은 서로 깊은 관계가 있지만 동일한 개념은 아니며, 도메인 네임이 URL의일부로 사용됩니다.

URL은 HTTP 또는 HTTPS 등과 같은 프로토콜, 도메인 네임, 경로, 쿼리Query문자열 및 매개변수Parameter와 같은 여러 부분으로 구성됩니다. 예를 들면, https://www.example.com/total/search?query=domain+names&page=1과 같은 형태를 생각해 볼 수 있습니다. 여기에서 프로토콜은 https://이고, 도메인 네임은www.example.com입니다. 경로는 /total/search이며, 이런 식으로 웹 사이트 특정 페이지의 하위 디렉토리 및 파일명도 포함할 수 있습니다.

쿼리 문자열은 경로 뒤에 오는 URL의 일부로, 웹 서버에 추가 정보를 전달하는 데 사용됩니다. 쿼리 문자열은 항상 물음표로 시작하며 앰퍼샌드&로 구분된

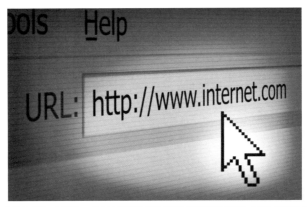

URL이 없다면 길고 복잡한 IP 주소를 기억하고 입력해야 하기에 번거롭고 오류가 발생하기 쉽다.

하나 이상의 매개변수(키-값)를 포함할 수 있습니다. 위의 예에서 쿼리 문자열은 ?query=domain+names&page=1이고, 매개변수는 query=domain+names과 page=1 두 개입니다.

쿼리 문자열의 기능을 활용하면 검색어, 필터, 정렬, 사용자 설정 등과 같은 정보를 웹 서버에 전달할 수 있기 때문에, 웹 개발자는 이를 이용해 유연하고 동적이며 사용자 친화적인 웹 사이트를 만들 수 있습니다. 하지만 쿼리 문자열이 잘못 구현되면 민감한 정보를 노출하거나 악의적인 목적으로 사용될 수 있으므로, 웹 개발자는 쿼리 문자열을 안전하게 사용해야 합니다.

bit.ly, TinyURL 등과 같은 URL 단축 서비스는 문자 수의 제한이 있는 곳에 URL을 등록하거나 길고 다루기 힘든 URL을 더욱 쉽게 공유할 수 있도록 URL 문자열을 짧게 변경해 줍니다. 변경된 URL을 사용자가 입력하면 원래의 URL로 리다이렉션Redirection됩니다. URL 리다이렉션이란 사용자 모르게 또는 사용자에게 확인받지 않고 한 URL에서 다른 URL로 사용자를 보내는 것을 말합니다. URL 리다이렉션은 URL 업데이트, 웹페이지 위치 변경, 더 나은 사용자 환경 제공 등 다양한 이유로 사용됩니다.

# DNS

도메인 네임을 알면
웹 사이트에 접속할 수 있는 이유는?

DNSDomain Name System는 사람이 읽기 쉽게 만든 웹 사이트 주소, 즉 도메인 네임을 네트워크에서 기계가 사용하는 IP 주소로 변환하는 데 사용되는 시스템입니다. 도메인 네임과 URL이 사용자가 가고자 하는 목적지라면 DNS는 목적지에 도달하는 데 도움을 줍니다.

사용자가 웹 브라우저에 URL을 입력하면 웹 브라우저는 그 URL의 도메인 네임에 해당하는 IP 주소를 알기 위해 DNS 서버에 요청을 보냅니다. DNS 서버는 도메인 네임과 IP 주소 목록이 저장된 데이터베이스에서 도메인 네임을 조회하고 해당하는 IP 주소를 웹 브라우저에 반환합니다. 그러면 웹 브라우저는 IP 주소로 웹 서버에 연결해 사용자가 원하는 내용을 보여 줍니다.

DNS 서버는 도메인 데이터베이스를 저장하고 관리하는 특수한 컴퓨터입니다. 이처럼 DNS 서버가 도메인 네임과 IP 주소의 변환 작업을 담당해 주기 때문에, 사용자는 복잡한 IP 주소를 기억하지 않아도 웹 사이트를 쉽게 이용할 수 있습니다.

DNS 서버는 일반적으로 인터넷 서비스 제공업체의 것을 이용하는데, 필요에 따라 타사 DNS 서버라고 해서 구글, 클라우드플레어Cloudflare, OpenDNS 등을 지정해 이용하기도 합니다. 이러한 타사 DNS 서버는 성능이나 보안 문제에서 더 뛰어난 경우도 있지만, 대신 사용자의 DNS 사용 데이터를 수집하고 분석할 수도 있습니다.

DNS 캐시Cache는 최근에 사용자가 액세스한 DNS 정보의 임시 저장소로, DNS

DNS는 도메인 네임과 IP 주소에 대한 표준화된 변환과 관리 방법을 제공함으로써 사용자가 웹 사이트에 쉽게 액세스하고 탐색할 수 있도록 해준다.

서버에 대한 요청 수를 줄여 DNS 확인 속도를 높이는 방법입니다. 이를 이용하면 동일한 도메인에 대해 DNS 서버에 다시 요청할 필요가 없어 웹 검색 시간을 줄일 수 있습니다. 하지만 DNS 캐시에 저장된 정보가 너무 오래되었거나 잘못된 정보가 저장된 경우 문제가 발생합니다. 예를 들어, 웹 사이트가 새 IP 주소로 이동했지만 DNS 캐시가 여전히 예전 IP 주소를 가리키는 경우에는 사용자가 해당 웹 사이트에 액세스하지 못할 수 있습니다. 이러한 문제를 방지하기 위해서 DNS 캐시 항목에는 적절한 새로고침을 위해 만료 기간을 지정하는 TTLTime-To-Live 값이 있습니다.

DNS는 새로운 기술이 개발되면서 지속적으로 발전하고 있습니다. 최근에는 DoHDNS-over-HTTPS 프로토콜을 채택하여 DNS 요청에 대한 보안 및 개인정보 보호를 강화했습니다. 기존 DNS 기술은 암호화를 지원하지 않아 가로채기 및 변조에 취약한 부분이 있었는데, DoH를 이용하면 HTTPS 연결을 통해 안전하게 DNS 정보를 요청하고 응답받을 수 있습니다.

# HTTP와 HTTPS

웹에서 정보를 주고받기 위한
기본 규약은?

HTTPHypertext Transfer Protocol는 웹 서버와 웹 브라우저 간 통신에 필수적인 프로토콜입니다. 프로토콜은 정보가 전송되는 방법, 형식, 수신 장치 또는 시스템에서 해석하는 방법을 지정한 규칙을 의미합니다. 프로토콜은 데이터를 올바르게 전송하고 수신하고 사용하기 위해 꼭 필요하지요.

HTTP는 웹 브라우저가 웹 서버에 웹 콘텐츠를 요청하고 수신하기 위해 반드시 사용해야 합니다. 웹 브라우저는 HTTP를 사용해 웹 페이지, 이미지, 오디오, 동영상과 같은 웹 서버의 특정 콘텐츠를 요청할 수 있습니다. HTTP가 없으면 웹 브라우저는 웹 서버에서 콘텐츠를 검색할 수 없으며 웹 브라우징도 불가능합니다.

HTTP를 통한 상호작용은 일반적으로 웹 브라우저의 요청에 의해 시작되며 웹 서버가 이에 응답해 정보를 전달하거나 요청한 작업을 처리하는 방식으로 이루어집니다. 우리가 웹에서 로그인하거나 온라인 쇼핑을 할 때 이러한 상호작용이 일어나는 것이지요.

HTTP의 기술적 내용에는 웹 브라우저가 웹 서버에 요청 메시지를 보내는 방식과 규칙, 웹 서버가 웹 브라우저에 응답 메시지를 보내는 방식과 규칙, 요청한 자원의 유형에 따라 데이터 형식을 결정하고 전송하기 위한 규칙, 연결을 종료하거나 유지하기 위한 규칙 등의 내용이 포함되어 있습니다.

HTTPSHypertext Transfer Protocol Secure는 HTTP의 변형으로, 웹 브라우저와 웹 서

HTTP와 HTTPS는 웹 서버와 웹 브라우저 간의 데이터 전송을 가능하게 하며, HTTPS를 이용해 웹 콘텐츠에 더 안전하게 액세스하고 상호작용할 수 있다.

버 간에 전송되는 데이터를 암호화하여 제3자가 데이터를 가로채거나 수정하기 어렵게 만듭니다. HTTPS는 SSL/TLS 기술을 이용해 전송되는 데이터를 암호화합니다. SSLSecure Sockets Layer은 통신하는 대상 간의 암호화된 연결을 지원하는 기술로, 최근에는 더 최신이며 안전한 기술인 TLSTransport Layer Security를 널리 이용하고 있습니다.

HTTPS는 인증Authentication도 제공합니다. 여기에서 인증이란 인증기관에서 발급한 디지털 인증서를 이용해 상대가 신뢰할 수 있는 대상인지를 확인하는 것입니다. 웹 브라우저가 HTTPS를 사용해 웹 서버에 연결하면 웹 서버는 디지털 인증서를 제시하고 웹 브라우저는 인증서가 유효하고 신뢰할 수 있는 기관에서 발급되었는지 확인합니다.

HTTPS는 통신 과정에서 암호화 및 해독이 필요하기 때문에 컴퓨터 성능에 영향을 미칠 수 있습니다. 하지만 최근 하드웨어 및 소프트웨어의 발전으로 인해 성능 문제가 최소화되었고 보안의 중요성이 강조됨에 따라 HTTPS 사용이 대세가 되었습니다.

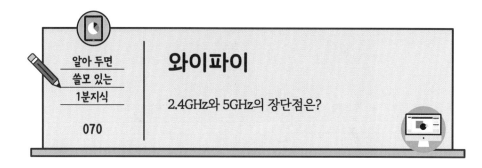

# 와이파이

## 2.4GHz와 5GHz의 장단점은?

와이파이Wireless Fidelity, Wi-Fi는 기기를 인터넷에 연결하거나 서로 무선으로 연결할 수 있게 해주는 통신 기술입니다. 와이파이는 오늘날 무선 네트워킹에 일반적으로 사용되는 방식으로, 물리적 케이블 없이 장치를 네트워크에 연결해 데이터를 주고받을 수 있게 해줍니다.

WLAN에서 사용하는 통신 기술에는 여러 가지가 있는데 그중에서 와이파이가 데이터 전송 속도, 범위, 안정성 면에서 가장 유리하기 때문에 널리 사용되고 있습니다. 와이파이는 일반적으로 2.4GHz나 5GHz의 비면허 무선 주파수(특정 주체에게 배타적 이용 권한을 부여하지 않은 주파수) 대역에서 작동하며, 신호 범위는 송신기의 전력, 물리적 환경, 신호 경로의 장애물 등에 따라 달라집니다.

2.4GHz는 5GHz와 비교해 벽과 장애물을 더 잘 통과할 수 있으므로 신호가 더 멀리 이동할 수 있어 벽이 두꺼운 큰 집이나 사무실에 적합합니다. 2.4GHz는 와이파이를 지원하는 대부분의 장치에서 사용할 수 있기 때문에 호환성도 5GHz보다 좋지요. 하지만 2.4GHz는 5GHz에 비해 속도가 느리고, 특히 네트워크 트래픽이나 간섭이 많은 지역에서는 더 느릴 수 있습니다.

5GHz는 2.4GHz보다 속도가 빠릅니다. 주파수 특성상 5GHz는 2.4GHz보다 덜 혼잡하고 5GHz에는 2.4GHz보다 더 많은 채널이 있어 더 많은 장치가 간섭 없이 연결하고 통신할 수 있습니다. 하지만 5GHz는 2.4GHz와 비교하면 벽과 장

주로 사용되는 와이파이 표준으로 와이파이5(802.11ac)와 와이파이6(802.11ax)가 있으며, 와이파이6는 최대 9.6Gbps의 전송 속도를 지원하고 혼잡한 네트워크 환경에서 더 나은 성능을 제공한다.

애물에 의해 더 쉽게 차단될 수 있고 지원하는 거리도 더 짧습니다. 또한 일부 저가 장치나 구형 장치는 5GHz를 지원하지 않습니다.

2.4GHz와 5GHz 중 어떤 와이파이를 사용할 것인지는 가정이나 사무실의 환경과 요구사항에 따라 다릅니다. 더 넓은 범위에서 통신이 필요한 경우에는 2.4GHz가, 더 빠른 속도와 덜 혼잡하고 간섭이 적은 네트워크가 필요한 경우에는 5GHz가 더 나은 선택일 수 있습니다.

안전한 통신을 위해서는 반드시 무선 네트워크의 보안 프로토콜, 가령 WPA2Wi-Fi Protected Access II와 같은 네트워크 암호화를 설정해야 합니다. 또한 와이파이 네트워크에 대한 무단 액세스를 방지하기 위해 와이파이 네트워크 이름인 SSIDService Set Identifier를 숨기도록 설정하기도 합니다.

# 인터넷 공유기

여러 개의 기기를 동시에
인터넷에 연결하려면?

인터넷 공유기Internet Router는 인터넷 연결을 다수의 기기에 분배하는 장치입니다. 네트워크 용어로 말하자면, 여러 기기를 인터넷에 연결하고 기기 간에 네트워크 트래픽을 라우팅Routing하는 장치입니다. 라우팅이란 서로 다른 네트워크 또는 하위 네트워크 간에 네트워크 트래픽을 전달하는 것을 의미하는 네트워크 용어입니다.

인터넷 공유기는 로컬 네트워크와 인터넷 사이에서 게이트웨이Gateway 역할을 수행하며 PC, 스마트폰, 스마트홈 장치 등을 인터넷에 연결해 줍니다. 네트워크 용어인 게이트웨이는 말 그대로 서로 다른 네트워크 간의 진입점Entry Point 역할을 하는 존재를 뜻하는데, 인터넷 공유기와 같은 물리적 장치이거나 소프트웨어 형태일 수도 있습니다.

인터넷 공유기의 핵심 기능은 NATNetwork Address Translation, 즉 네트워크 주소를 변환하는 것입니다. 인터넷 공유기는 NAT을 수행하여 로컬 네트워크에서 사용되는 사설 IP 주소(로컬 네트워크에서 임의로 할당한 IP 주소이며 인터넷 불가)를 공용 IP 주소(ISP가 부여한 공식적인 IP 주소이며 인터넷 가능)로 변환함으로써, 장치가 인터넷을 이용할 수 있도록 합니다. 이를 통해 여러 장치가 하나의 인터넷 연결을 공유할 수 있지요.

인터넷 공유기는 서로 다른 네트워크 사이에서 정보를 어떤 방향으로 전송할지 결정하고 가장 적합한 경로를 찾기 위해 라우팅 테이블Routing Table이라는 일종의 지도를 갖고 있습니다. 라우팅 테이블은 다른 네트워크에 도달할 수 있는 정보를 보관

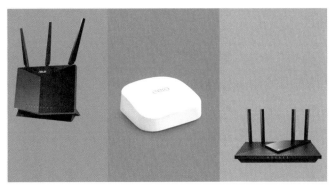

인터넷 공유기는 로컬 네트워크의 장치와 인터넷 간의 통신을 가능하게 하며, 유선 연결뿐만 아니라 와이파이도 지원하여 여러 장치가 동시에 인터넷을 이용할 수 있다.

하는데, 이를 통해 서로 다른 장치와 네트워크 간에 효율적이고 안전하게 트래픽이 이동될 수 있도록 합니다.

대개의 인터넷 공유기에는 방화벽Firewall이 내장되어 있습니다. 방화벽은 외부의 무단 액세스 및 악의적인 트래픽으로부터 로컬 네트워크를 보호합니다. 방화벽을 통해 트래픽을 차단하거나, 특정 유형의 트래픽만 허용하거나, 의심스러운 활동이 있는지 네트워크 트래픽을 모니터링할 수도 있습니다.

많은 인터넷 공유기가 QoS를 지원합니다. QoS는 애플리케이션 유형 또는 트래픽을 전송하는 장치와 같은 다양한 기준에 따라 네트워크 트래픽의 우선순위를 지정하는 방법입니다. 이를 통해 넷플릭스나 유튜브와 같은 동영상 서비스 이용 시 충분한 대역폭을 수신할 수 있도록 설정할 수 있습니다.

최신 인터넷 공유기는 와이파이6 이상의 무선 연결, 고급 방화벽 및 침입 탐지 시스템, VPN, 사물인터넷 장치 연결 등의 기능을 지원하고 있습니다.

# 5G · 6G 이동통신

5G는 무엇이 다를까?

이동통신Mobile Telecommunication이란 셀룰러Cellular 네트워크를 통해 음성, 데이터 및 기타 멀티미디어를 주고받는 무선 통신을 의미합니다. 하나의 기지국이 통신을 담당하는 지리적 영역을 셀Cell, 즉 세포라고 하는데, 이 네트워크가 마치 생물학적 유기체의 세포처럼 구성되어 있기 때문에 셀룰러라는 말을 사용합니다.

1980년대에 등장한 아날로그 기반의 1세대 이동통신(1G)은 음성 통신만 가능했는데, 통화 품질이 그리 좋지는 않았습니다. 1990년대에 나온 2G는 디지털 기술을 이용해 더 나은 통화 품질을 제공했고, 2000년대 초반에 등장한 3G는 더 빠른 데이터 전송 속도를 지원했습니다. LTELong-Term Evolution라는 이름을 가진 4G는 2010년대에 도입되었고 스트리밍 비디오 및 온라인 게임까지 가능할 정도로 한층 더 빠른 데이터 전송 속도를 지원하게 됐습니다.

2019년 상용화된 5G는 이전 세대에 비해 데이터 전송 속도가 더 빠르고, 지연시간이 짧으며, 지원하는 네트워크 용량도 큽니다. 5G는 최대 20Gbps의 데이터 전송 속도를 지원하는데 이는 4G보다 약 20배 더 빠른 속도입니다.

5G는 지연시간Latency도 현저히 낮습니다. 지연시간은 데이터가 장치와 네트워크 간에 이동하는 데 걸리는 시간을 나타냅니다. 5G를 사용하면 지연시간을 1밀리초ms 미만으로 줄일 수 있는데, 이 정도면 거의 즉각적으로 응답을 받을 수 있습니다. 이 같은 짧은 지연시간은 자율주행차나 원격 수술과 같이 실시간 응답성이 필요

5G는 이전 세대의 이동통신으로는 불가능하거나 어려웠던 클라우드 기반 로봇이나 자율주행차와 같은 새로운 애플리케이션의 가능성을 한층 높여 주었다.

한 곳에서 필수적입니다. 또한 5G는 단위 면적당 더 많은 장치를 지원하여, 네트워크가 속도 저하 없이 더 많은 동시 연결을 처리할 수 있습니다.

5G는 네트워크 슬라이싱Network Slicing과 같은 고급 기술을 사용하여 데이터를 빠르고 안정적으로 전달합니다. 네트워크 슬라이싱이란 단일 물리적 네트워크를 여러 가상 네트워크로 분할하는 기술로, 각 네트워크는 대역폭, 지연시간, 보안과 같은 고유한 특성을 가질 수 있습니다. 이를 통해 네트워크 사업자는 별도의 물리적 네트워크 없이도 다양한 유형의 사용자와 애플리케이션에 따라 맞춤형 연결 및 서비스를 제공할 수 있습니다.

6G는 5G 이후의 차세대 이동통신 기술로, 삼성전자는 6G 기술의 비전을 '새로운 차원의 초연결 경험The Next Hyper-Connected Experience'이라고 정의하고 있습니다. 6G는 2028년쯤 상용화될 것으로 예상되며 초당 100Gbps 이상의 전송 속도가 구현될 예정입니다.

# HTML과 XML

마크업 언어란 무엇이고 웹 개발자는
HTML과 XML로 무엇을 할까?

HTMLHypertext Markup Language은 웹 페이지 및 웹 애플리케이션을 만드는 데 사용되는 마크업 언어입니다. 마크업 언어란 텍스트에 태그나 주석을 추가하는 데 사용되는 일종의 컴퓨터 언어를 말합니다. 이를 통해 사용자는 웹 브라우저나 텍스트 편집기와 같은 소프트웨어로 문서를 생성하여 콘텐츠를 표시하거나 처리할 수 있습니다. 마크업 언어에서 콘텐츠를 표시하거나 처리하는 데 사용하는 태그는 일반적으로 〈tagname〉과 같이 꺾쇠괄호로 묶여 있으며, 콘텐츠에 대한 추가 정보를 포함할 수 있습니다.

HTML은 1990년 웹에서 문서를 만들고 공유하는 방법으로 처음 등장했습니다. HTML은 웹의 가장 기본적인 기술 중 하나로, 웹 브라우저에서 표시할 수 있는 제목, 단락, 목록, 이미지, 링크 및 기타 유형의 콘텐츠를 정의하는 방법을 제공합니다. HTML은 사람과 기계 모두 읽을 수 있도록 설계되었는데, 이는 사람이 읽고 이해하기 쉬울 뿐만 아니라 컴퓨터도 구문을 분석하고 이해할 수 있다는 뜻입니다.

HTML은 단순한 웹 페이지 제작뿐만 아니라 사용자가 데이터를 입력하고 상호작용할 수 있는 온라인 쇼핑, 설문조사, 게임 등 웹 애플리케이션을 만드는 데도 사용됩니다. HTML은 웹 개발자에게 필수적인 기술이며 페이지 콘텐츠에 스타일과 형식을 지정하는 CSSCascading Style Sheet나 자바스크립트와 같은 관련 기술과 함께 사용됩니다.

HTML은 웹에서 문서 구조를 만들고 정의하는 데 사용되는 웹의 기본 기술로, 웹 개발자는 HTML과 XML 등 여러 웹 기술을
함께 이용해 풍부한 대화형 웹 페이지 및 애플리케이션을 개발한다.

HTML은 인터넷의 발전에 따라 추가 기능과 개선 사항이 포함된 새 버전이 지속
적으로 출시되어 왔습니다. 최신 버전 HTML5에서는 의미 기반의 시멘틱Semantic 태
그를 지원하여 웹 문서의 구조화와 접근성을 높였고, 멀티미디어 콘텐츠 표현 강화,
서버와의 실시간 양방향 통신, 오프라인 웹 애플리케이션 지원 등이 포함되어 웹 개
발을 한층 풍부하게 만들어 주었습니다.

XMLeXtensible Markup Language은 구조화된 문서와 데이터를 만드는 데 사용되는
마크업 언어입니다. XML은 데이터 교환, 설정 파일, 웹 서비스 등 다양한 분야에 사
용됩니다. XML 문서는 일련의 요소Element로 구성되며, 각각은 속성Attribute을 가질
수 있고 다른 요소나 텍스트 콘텐츠를 포함할 수 있습니다.

다양한 프로그래밍 언어에서 XML을 사용하여 구문 분석 및 처리를 할 수 있는
데, XML이 여전히 적지 않게 사용되고는 있지만 새롭게 등장한 JSONJavaScript Object
Notation 기술이 더 간결하고 더 성능이 좋은 장점이 있어서 XML의 사용이 점차 감소
하는 추세입니다.

# 웹 브라우저

오픈소스 프로젝트를 기반으로 만들어진
크롬 형제들이 있다?

1989년 유럽 입자 물리 연구소 CERN의 컴퓨터 과학자 팀 버너스리가 웹을 개발하면서 최초의 웹 브라우저와 웹 서버가 함께 만들어졌습니다. 웹 브라우저의 주요 기능은 HTML 또는 기타 웹 언어로 작성된 웹 페이지를 사용자가 읽고 이해할 수 있는 형식으로 표시하는 것입니다.

웹 브라우저에 따라 기능, 성능, 디자인 면에서 일부 차이가 있지만 기본 기능과 구성 요소는 대부분 유사합니다. 웹 브라우저의 주요 구성 요소는 사용자와 상호작용하기 위한 사용자 인터페이스, HTML 및 CSS 코드를 읽고 콘텐츠를 시각적 형식으로 표시하기 위한 렌더링 엔진Rendering Engine, 대화형 및 동적 웹 페이지를 위한 자바스크립트 엔진JavaScript Engine, 브라우저의 기능을 향상시키거나 새 기능 추가를 위한 확장 프로그램Extension, 사용자 컴퓨터에 데이터를 저장하는 쿠키Cookie, 보안 기능 등입니다.

최초의 웹 브라우저 이름은 월드와이드웹WorldWideWeb이었는데, 나중에 웹과의 혼동을 피하고자 넥서스Nexus로 이름이 바뀌었습니다. 대중적으로 성공한 최초의 웹 브라우저는 1993년 일리노이 대학교 NCSANational Center for Supercomputing Applications에서 선보인 모자이크Mosaic입니다. 모자이크는 무료로 출시되었고 빠르게 인기를 끌었습니다. 개발팀의 핵심 구성원 중 한 명이었던 마크 앤드리슨Marc Andreessen은 큰 명성을 얻었습니다. 이후 그는 1994년 공동 창업한 회사에서 넷스케이프 웹 브라

웹 브라우저는 웹에 액세스하기 위한 필수적인 도구이며, 사용자와 웹 개발자의 변화하는 요구에 따라 계속 진화하고 있다.

우저Netscape Navigator를 선보였는데, 넷스케이프 웹 브라우저는 한때 시장 점유율이 90%를 넘을 정도로 커다란 인기를 누렸습니다.

1995년 마이크로소프트가 인터넷 익스플로러Internet Explorer를 운영체제와 함께 번들로 제공하면서 사용자가 증가하기 시작했습니다. 2004년에는 모질라 재단Mozilla Foundation에서 파이어폭스Firefox를 출시했고, 2008년 구글이 크롬을 출시합니다. 2013년 마이크로소프트는 인터넷 익스플로러의 마지막 버전 11을 출시했고, 이후 엣지Edge라는 명칭의 새로운 웹 브라우저에 주력하고 있습니다.

현재 시장에서 인기 있는 주요 웹 브라우저로 크롬, 엣지, 파이어폭스, 애플의 사파리Safari 등을 꼽을 수 있습니다. 특히 구글은 크롬의 기반이 되는 크로미엄Chromium 프로젝트를 오픈소스로 공개해 누구나 코드를 이용할 수 있도록 했습니다. 오픈소스 크로미엄 프로젝트는 큰 인기를 끌어 엣지, 오페라Opera, 브레이브Brave, 네이버의 웨일Whale 등 여러 웹 브라우저가 크로미엄 기반으로 개발되고 있습니다.

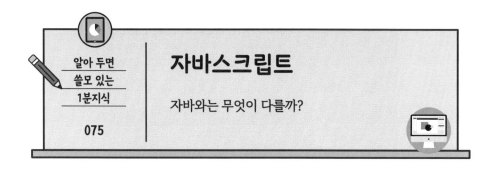

# 자바스크립트

자바와는 무엇이 다를까?

자바스크립트JavaScript는 웹 개발에 널리 사용되는 인터프리터 기반의 프로그래밍 언어입니다. 자바스크립트는 작성된 명령을 컴파일 없이 바로 실행할 수 있는 인터프리터 기반이어서 성능은 느린 편이지만 코드를 빠르게 작성하고 테스트할 수 있으며 디버깅도 쉬운 편입니다. 프로그래밍 분야에서 스크립트란 특정 작업을 수행하거나 자동화하는 데 사용하는, 일반적인 프로그램보다 짧고 간단한 프로그램을 뜻하는 용어입니다.

자바스크립트는 1995년 넷스케이프Netscape Communications에서 일하던 개발자 브렌던 아이크Brendan Eich가 동적인 웹 페이지를 구현하고 사용자와의 상호작용을 처리하기 위해 만든 스크립트 언어입니다.

자바스크립트의 원래 이름은 라이브스크립트LiveScript였는데, 나중에 자바스크립트로 변경됐습니다. 당시는 프로그래밍 언어 자바가 선풍적인 인기를 끌던 시기였습니다. 사실 자바스크립트와 자바는 완전히 다른 언어입니다만, 자바의 인기에 편승하려는 마케팅적인 이유와 당시 자바의 상표권자였던 썬 마이크로시스템즈와의 협력 덕분에 자바스크립트라는 이름을 쓸 수 있었다고 합니다.

자바스크립트가 등장하기 이전에는 사용자 입력을 처리하거나 웹 페이지 내용을 변경하기 위해서 페이지 전체를 다시 로드하는 게 일반적이며 당연한 일이었습니다. 반면 자바스크립트는 동적이고 유연한 언어로 간단한 스크립트만으로 웹 페이지

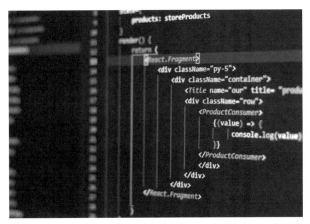

자바스크립트는 복잡하고 동적인 웹 애플리케이션을 구현하기 위해 사용되고 있으며, 사용하기 편리해 전 세계 개발자들에게 인기를 끌고 있다.

에 상호작용을 추가할 수 있습니다. 자바스크립트 코드는 〈script〉 태그를 사용하여 HTML 파일에 포함하거나 .js 확장자를 사용하여 별도의 파일에 저장할 수 있습니다. 자바스크립트는 간단한 문법, 수많은 예제, 대규모 개발자 커뮤니티 등의 장점이 있어 초보자가 배우기에 비교적 쉬운 언어입니다.

과거에는 웹 페이지에서 복잡하고 동적인 상호작용을 구현하는 게 어려웠기 때문에, 자바스크립트는 출시되자마자 빠르게 인기를 얻었고 현재 세계에서 가장 많이 이용하는 프로그래밍 언어 중 하나가 되었습니다.

현재 자바스크립트는 모든 주요 웹 브라우저에서 기본적으로 지원되며 데스크톱, 모바일, 사물인터넷 장치 등 다양한 플랫폼에서 사용할 수 있습니다. 덕분에 앞으로도 웹 개발에서 중요한 역할을 담당할 것으로 전망됩니다.

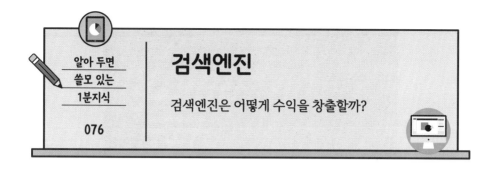

# 검색엔진

검색엔진은 어떻게 수익을 창출할까?

검색엔진Search Engine은 사용자가 검색어를 입력하면 그에 맞는 웹 페이지 검색 결과를 반환하여 인터넷에서 정보를 찾도록 도와주는 소프트웨어 또는 인터넷 서비스입니다. 검색엔진은 복잡한 알고리즘을 사용하여 사용자의 검색어와 관련된 웹 페이지를 찾습니다

검색엔진은 웹 크롤러Web Crawler 또는 스파이더Spider라고 불리는 자동화된 프로그램을 사용하여 웹 페이지에 대한 정보를 수집합니다. 웹 크롤러는 웹 페이지를 스캔하고 데이터에 효율적으로 액세스할 수 있도록 하는 데이터 구조인 색인Index을 생성하기 위해 웹 페이지의 링크를 따라가며 계속 정보를 수집하는 소프트웨어입니다.

웹 크롤러는 URL 목록을 통해 각 페이지를 방문하고 페이지 제목, 설명, 키워드 및 콘텐츠를 비롯한 여러 정보를 추출합니다. 웹 크롤러는 하나의 웹 페이지에서 다른 웹 페이지로 이어지는 링크를 모두 파악해 각 페이지를 방문하면서 관련 정보를 검색엔진의 색인에 추가한 후에 재귀(자기 자신을 호출하여 작업을 수행하는 것)적으로 계속 작업을 수행하는데 이를 크롤링Crawling이라고 합니다.

크롤링의 목표는 사용자에게 검색 결과를 제공하는 데 사용할 수 있는 포괄적인 최신 웹 페이지 색인을 만드는 것입니다. 크롤링은 인터넷에 추가되거나 수정된 웹 페이지를 찾고 색인을 생성할 수 있도록 하므로 검색엔진의 중요한 부분입니다.

검색엔진은 순위Ranking 알고리즘을 통해 사용자의 검색어와 가장 관련성이 높은

검색엔진은 사용자의 이전 검색 기록, 방문 기록 등에 따라 결과가 조정되는 개인화를 통해 사용자에게 더 관련성 높은 결과를 제공한다.

웹 페이지를 결정합니다. 순위 알고리즘은 검색어 관련성, 페이지 품질, 사용자 참여 등 다양한 요소를 고려합니다.

또, 검색엔진은 사용자가 효과적으로 검색할 수 있도록 다양한 검색 연산자를 지원합니다. 예를 들어, 검색 구문에 따옴표를 넣으면 해당 구문이 모두 포함된 결과가 검색되고, 단어 앞에 마이너스 기호를 넣으면 해당 단어가 포함된 결과가 제외됩니다. 검색엔진마다 연산자가 다르므로 자신이 사용하는 검색엔진에 맞는 연산자를 파악하고 이용하는 게 좋습니다.

시장 점유율 세계 1위인 구글 외에도 빙Bing, 덕덕고DuckDuckGo, 바이두Baidu 등과 같은 검색엔진이 있습니다. 검색엔진의 주요 수익원은 광고입니다. 대부분의 상업용 검색엔진은 검색 결과의 상단이나 하단 또는 옆에 광고를 표시하고 이를 통해 수익을 창출합니다. 광고주들이 특정 키워드에 입찰해 키워드를 선점하면, 사용자가 해당 키워드로 검색할 경우 검색 결과와 함께 광고가 표시됩니다. 검색엔진은 사용자가 그 광고를 클릭해 광고주의 웹 사이트에 방문하면 수수료를 받는 형태로 수익을 올립니다.

# P2P

### 중앙집중식 모델과 P2P는 무엇이 다를까?

P2PPeer-to-Peer는 개인 간 상품이나 서비스를 중개자 없이 직접 교환할 수 있는 방식을 말하는데, 특정 기술이나 비즈니스에 따라 다양한 맥락에서 사용되는 용어입니다. 기술적 관점에서의 P2P는 탈중앙화Decentralized, 즉 분산형 접근 방식을 통해 자원이나 서비스를 이용하는 것을 뜻하며, 이는 사용자들이 중앙 서버의 중개 없이 직접 상호작용할 수 있다는 의미입니다.

P2P 모델에서 각 사용자는 자원의 공급자이자 소비자 역할을 동시에 맡을 수 있으며, 분산된 방식으로 다른 사용자와 직접 상호작용할 수 있습니다. 이는 사용자가 반드시 중앙 서버를 통해 자원이나 서비스에 액세스하는 기존의 중앙집중식 Centralized 모델 또는 클라이언트-서버Client-Server 모델과 대조되는 방식입니다.

예를 들어, P2P 파일 공유에서는 사용자들이 중앙 서버를 거치지 않고 서로 직접 파일을 공유할 수 있습니다. P2P 대출에서는 개인이나 기업이 은행이나 기타 금융 기관의 중개 없이 서로 직접 대출 거래를 할 수 있습니다.

P2P 모델에서 가장 중요한 핵심은 '탈중앙화'이며, 여기에서 비롯되는 몇 가지 주요 특징이 있습니다. 먼저, P2P 모델에는 플랫폼을 제어하거나 관리하는 중앙 기관이 없습니다. 대신 사용자들이 직접 상호작용하는 방식으로 거래가 이루어집니다. 중개자가 없기 때문에 수수료를 절감할 수 있어 구매자와 판매자 모두 거래 비용이 더 낮아지지요. P2P 모델에서 가격은 사용자들 간의 수요와 공급에 의해 결정됩니

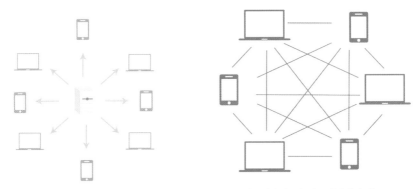

P2P 모델에서는 사용자 간의 신뢰와 평판에 의해 거래가 이루어지는데 이를 위해 사용자 리뷰, 신원 확인, 에스크로(Escrow, 거래 완료 시까지 제3자가 대금을 보유하는 것) 서비스, 보험 및 보증 등 다양한 방법을 사용한다.

다. P2P 시장은 기존 시장보다 더 유연하기 때문에 사용자는 자신이 원하는 가격을 설정하고 조건을 협상할 수 있습니다.

일반적으로 P2P 모델은 개방되어 있기 때문에 이전에 상품 및 서비스에 접근할 수 없거나 어려웠던 사람들도 더 쉽게 접근할 수 있습니다. 또한 P2P 모델은 개인 간 거래를 통해 기존 상품 및 서비스의 재사용과 공유를 촉진하고 낭비를 줄임으로써 환경적 이점을 제공할 수 있습니다.

이처럼 P2P 모델은 기존의 중앙집중식 모델과 비교하면 효율성 향상, 비용 절감, 참여자의 자율성 및 통제력 향상 등의 여러 이점이 있습니다. 그러나 P2P는 사용자 스스로 책임져야 할 부분이 많기 때문에 보안 위협이나 다양한 위험에 더 취약할 수 있습니다. 그렇기 때문에 P2P 기술이나 서비스를 이용하기 전에 먼저, 자신에게 적합한지 여부와 P2P의 이점 및 위험을 신중하게 평가할 필요가 있습니다.

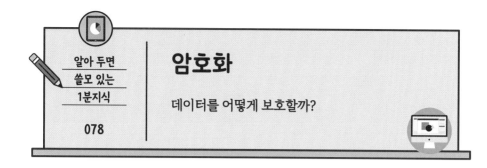

알아 두면
쓸모 있는
1분지식

078

# 암호화

데이터를 어떻게 보호할까?

암호화Encryption는 적절한 암호 해독 키가 없는 사람이 읽을 수 없는 형식으로 데이터를 변환하는 프로세스를 뜻합니다. 암호화는 무단 액세스 또는 도난으로부터 개인 데이터, 금융 정보, 영업 비밀과 같은 민감한 기밀 정보를 보호하는 데 사용됩니다. 원본 데이터인 평문Plaintext을 암호화 알고리즘을 사용하여 암호문으로 변환한 후에는, 이를 복호화Decryption하는 과정을 거쳐 다시 평문으로 복원할 수 있습니다.

암호화에는 대칭키Symmetric Key 암호화와 공개키Public Key 암호화가 있습니다. 대칭키 암호화는 암호화와 복호화에 동일한 키를 사용하는 방식입니다. 즉, 평문을 암호화하여 암호문으로 만들 때 사용하는 키와, 암호문을 복호화하여 다시 평문으로 만들 때 사용하는 키가 동일합니다. 이 방식은 간단하고 빠르게 암호화를 수행할 수 있지만, 키 관리에 취약한 부분이 있어 강력한 보안이 필요한 대규모 시스템에는 적합하지 않습니다.

공개키 암호화는 두 개의 다른 키, 즉 공개키와 개인키를 사용합니다. 공개키는 암호화에 사용되며 개인키는 복호화에 사용됩니다. 공개키는 누구나 사용할 수 있으며 개인키는 오직 키를 소유한 사람만 사용할 수 있습니다.

공개키 암호화는 대칭키 암호화보다 더 높은 수준의 보안을 제공합니다. 암호화와 복호화에 공개 키와 개인 키의 두 가지 키를 사용하기 때문에 공격자가 암호화 키를 해독하기가 더 어려워집니다. 그렇지만 공개키 암호화에는 복잡한 수학적 연산이

모든 암호화 기술은 정기적인 검토와 업데이트가 필요하다.

필요하기 때문에 대칭키 암호화보다 구현하기가 더 어렵고 처리 속도도 느립니다.

암호화 기술은 이메일, 온라인 뱅킹, 전자상거래, 파일 보안 등 다양한 분야에서 사용됩니다. 암호화 알고리즘 표준에는 AESAdvanced Encryption Standard, RSARivest-Shamir-Adleman, SHASecure Hash Algorithm 등이 있습니다. 특히 AES는 강력한 암호화 알고리즘 중 하나로 비교적 빠르고 효율적인 암호화 알고리즘으로 인기가 높습니다.

이들 암호화 알고리즘은 복호화 키 없이 암호문에서 평문으로 복호화하기 어렵게 설계되어 있으며 각각의 장단점이 있습니다. 여기에서 어렵다고 표현한 이유는 100% 안전한 암호화는 존재하지 않기 때문입니다. 당장은 안전할 수 있어도 컴퓨터 성능의 향상과 해킹 기술의 발전에 따라 현시점에서 강력한 암호화 기술이라고 하더라도 언젠가는 취약해질 수 있습니다.

암호화는 민감한 데이터에 강력한 보안을 제공하지만 완벽하지는 않습니다. 최고 수준의 보안을 보장하려면 액세스 제어, 방화벽 및 침입 감지 시스템과 같은 다른 보안 조치와 함께 암호화를 사용해야 합니다.

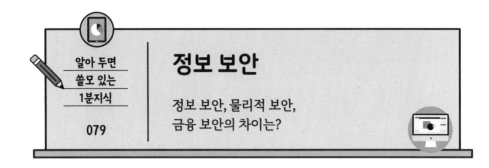

# 정보 보안

정보 보안, 물리적 보안,
금융 보안의 차이는?

정보 보안Information Security은 시스템, 네트워크를 무단 액세스, 도난, 손상, 중단 등으로부터 보호하는 것이며 개인 정보, 금융 정보, 지적재산과 같은 민감한 데이터를 보호하는 것도 포함합니다. 이를 위해 방화벽, 암호화, 액세스 제어, 바이러스 백신, 침입 탐지 시스템, 보안 감사 등 다양한 정보 보안 조치를 수행합니다. 보안 조치는 보안 사고의 영향을 최소화하기 위해 보안 위협과 공격을 예방 및 탐지하고, 빠르고 적절하게 대응하는 것을 목표로 합니다.

정보 보안뿐만 아니라 물리적 보안, 금융 보안, 개인 안전 등도 종합적으로 검토되어야 합니다. 물리적 보안Physical Security은 사람, 시설, 자산 등을 무단 액세스나 도난, 손상, 중단으로부터 보호하는 것입니다. 물리적 보안 조치에는 경비원, 감시 시스템, 액세스 제어, 경보 시스템 등이 있습니다. 금융 보안Financial Security은 은행 계좌, 투자, 신용 카드와 같은 금융 자산을 사기, 절도, 도용 등으로부터 보호하는 것입니다. 금융 보안 조치에는 2단계 인증, 거래 모니터링 등이 있습니다.

정보 보안, 물리적 보안, 금융 보안은 상호 의존적인 측면이 있습니다. 각 보안은 다른 보안에 영향을 미치고 함께 사용하면 보안 향상에 기여할 수 있습니다. 예를 들어, 현대의 금융 서비스는 대부분 IT화되어 있기 때문에 정보 보안과 금융 보안은 밀접한 관계를 맺고 있습니다. 또한 기업의 중요한 애플리케이션이 작동하는 하드웨어 시스템의 도난이나 손상을 막기 위해서는 물리적 보안도 중요하게 고려해야 합니다.

정보 보안은 현대 생활의 필수 요소이며, 적절한 보안 조치는 보안 사고를 예방할 뿐만 아니라 보안 사고가 발생했을 때 사고로 인한 부정적인 영향을 최소화하는 데 도움이 된다.

정보 보안의 핵심 원칙 세 가지가 있습니다. 기밀성Confidentiality은 무단 액세스로부터 민감한 정보를 보호해야 한다는 원칙입니다. 무결성Integrity은 데이터가 정확하고 완전하며 무단으로 변경되지 않아야 한다는 원칙입니다. 가용성Availability은 데이터와 시스템이 필요할 때 언제든 액세스할 수 있어야 한다는 원칙입니다.

정보 보안의 주요 개념으로, 사용자의 신원과 권한 여부를 확인하는 인증Authentication, 특정 데이터 또는 자원에 대한 액세스 권한을 부여하거나 거부하는 인가Authorization, 사용자가 행위나 거래를 거부하거나 이의를 제기할 수 없도록 보장하는 부인방지Non-repudiation 등이 있습니다. 또한 보안 위험을 식별, 평가, 완화하기 위한 위험 관리Risk Management도 정보 보안의 중요한 요소 중 하나입니다.

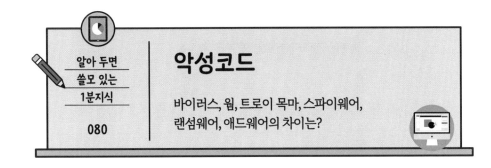

# 악성코드

바이러스, 웜, 트로이 목마, 스파이웨어,
랜섬웨어, 애드웨어의 차이는?

악성코드 또는 멀웨어Malicious Software, Malware는 컴퓨터 시스템이나 네트워크에 해를 입히도록 설계된 소프트웨어를 뜻합니다. 범위를 넓게 보아, 사용자의 이익을 침해하는 모든 소프트웨어를 의미하기도 합니다. 악성코드는 일반적으로 사이버 범죄자가 정보를 훔치거나 데이터나 시스템을 손상하려는 의도로 만들어 배포합니다. 악성코드에는 다양한 유형이 있으며 각기 고유한 특성과 역할이 있지만, 모두 피해 유발을 목표로 한다는 점에서는 동일합니다.

바이러스Virus는 컴퓨터에 있는 다른 프로그램이나 파일을 감염시키는 프로그램으로, 이메일 첨부나 파일 공유를 통해 다른 컴퓨터로 퍼질 수 있습니다. 시스템이 바이러스에 감염되면 파일을 파괴하거나 정보를 도용하거나 다른 유형의 손상을 일으킬 수 있습니다.

웜Worm은 바이러스와 유사하지만 사용자 상호작용 없이 자체적으로 확산할 수 있고, 그에 따라 전체 네트워크를 감염시키고 광범위한 손상을 일으킬 수 있습니다.

트로이 목마Trojan Horse는 합법적인 애플리케이션이나 파일로 가장하지만 실제로는 악성코드를 포함하는 프로그램입니다. 트로이 목마가 활성화되면 사이버 범죄자에게 피해자 시스템에 대한 액세스 권한을 부여하거나, 정보를 훔치거나 다른 악성코드를 다운로드할 수 있습니다.

스파이웨어Spyware는 사용자 모르게 또는 동의 없이 컴퓨터에 설치된 다음에, 피

해자의 활동을 모니터링하고 개인정보를 수집하도록 설계된 악성코드입니다.

랜섬웨어Ransomware는 피해자의 파일을 암호화해 사용할 수 없도록 무단 변경한 후에 암호 해독 키에 대한 대가로 돈을 요구합니다. 업무상 중요한 파일이 랜섬웨어에 의해 피해를 당한 경우에는 파일을 사용

악성코드 감염을 예방하기 위해서는 소프트웨어를 최신 상태로 유지하고, 바이러스 백신 및 악성코드 방지 소프트웨어를 사용하며, 알 수 없는 소스에서 파일을 다운로드하거나 링크를 클릭할 때 주의해야 한다.

할 수 없어 비즈니스에 큰 손실이 발생할 수도 있습니다.

애드웨어Adware는 사용자가 원치 않는 광고를 마음대로 표시하는 악성코드입니다. 애드웨어는 일반적으로 다른 유형의 악성코드보다 덜 해롭지만, 사용자를 귀찮게 만들고 시스템 성능을 저하할 수 있습니다.

루트킷Rootkit은 자신을 숨길 수 있는 악성코드로, 피해자의 시스템에 존재하지만 탐지하거나 제거하기 어렵습니다. 루트킷은 사이버 범죄자에게 피해자의 컴퓨터에 대한 완전한 제어 권한을 부여하여 데이터를 훔치거나 공격을 시작하거나 다른 악의적인 목적으로 시스템을 사용할 수 있도록 합니다.

기술이 계속 발전함에 따라 악성코드를 개발하는 기술도 함께 발전하고 있기 때문에, 앞으로 악성코드가 컴퓨터 시스템과 네트워크에 더욱 심각한 위협으로 작용할 가능성이 높습니다.

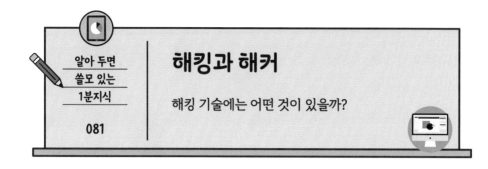

# 해킹과 해커

### 해킹 기술에는 어떤 것이 있을까?

해킹Hacking은 컴퓨터 시스템이나 네트워크에 피해를 주거나 데이터를 훔치기 위해 무단으로 액세스 권한을 획득하는 행위를 말합니다. 원래 해커Hacker라는 용어는 우아하고 효율적인 코드를 작성할 수 있는 숙련된 컴퓨터 프로그래머를 지칭하는 말이었습니다. 하지만 시간이 흐르면서 해킹, 해커라는 용어는 사이버 범죄 활동과 관련된 말이 되었습니다. 스스로 해커라 칭하면서 시스템에 무단 침입하는 경우가 늘어났기 때문입니다.

취약점을 테스트하고 보안을 강화하기 위해 시스템을 해킹하는 것을 윤리적 해킹Ethical Hacking 또는 화이트 해킹White Hacking이라고 합니다. 어떤 사람들은 이처럼 긍정적인 목적으로 해킹하는 이들을 위해서만 해커라는 용어가 사용되어야 한다고 주장합니다. 악의적인 목적을 갖고서 무단으로 시스템에 접근하는 사람은 블랙 해커 또는 크래커Cracker라고 불러야 한다고 말이지요.

또 어떤 사람들은 해커라는 용어가 긍정적인 행동과 부정적인 행동을 모두 포함하도록 진화했기 때문에 둘을 구분하는 게 의미가 없다고 말합니다. 기술을 좋은 목적으로 사용하든 나쁜 목적으로 사용하든 관계없이 해커라는 용어를 사용해야 한다고 주장하지요.

이처럼 해킹, 해커라는 용어는 여전히 논란이 있으므로, 용어가 쓰인 맥락과 의도에 따라 뜻을 파악할 필요가 있습니다. 해킹은 다양한 형태를 취할 수 있으며 사이버

윤리적 해킹이나 화이트 해킹은 긍정적인 목적을 위해 해킹 기술을 사용하는 것을 가리키며, 컴퓨터 보안을 개선하고 사이버 공격으로부터 보호하기 위해 필요하다.

범죄자에서 사이버 보안 전문가에 이르기까지 다양한 개인이 수행할 수 있습니다.

공격자가 사용하는 해킹 기술에는 몇 가지 기본적인 유형이 있습니다. 암호 크래킹Password Cracking은 소프트웨어 또는 자동화된 스크립트를 사용하여 올바른 암호를 찾을 때까지 암호를 추측하거나 흔한 암호로 계속 시도하는 것입니다. 네트워크 해킹은 무단 액세스 권한을 얻기 위해 네트워크 보안 취약점을 악용하는 것입니다. 공격자는 취약점 스캐너Vulnerability Scanner와 같은 도구를 사용하여 네트워크에 존재하는 취약점을 찾을 수 있습니다.

애플리케이션 해킹은 애플리케이션의 취약성을 악용하여 무단 액세스 권한을 얻는 것입니다. 물리적 해킹은 물리적 보안을 무력화하거나 우회하는 기법으로, 건물이나 시스템에 물리적으로 침입해 잠금장치를 따거나 하드웨어를 조작하거나 전선을 절단하는 등의 행위를 하는 것입니다.

해킹은 일반적으로 대부분의 국가에서 형사 범죄로 간주하므로 공격자에게 심각한 법적 결과를 초래할 수 있습니다. 해킹에 대한 법적 책임과 처벌은 공격의 성격과 범죄가 발생한 국가의 법률에 따라 달라집니다.

# 사회공학

사람의 심리, 신뢰, 권위를 이용해
피해를 유발하는 공격 기술이 있다?

사회공학Social Engineering은 사람의 심리를 조작하여 민감한 정보를 스스로 유출하도록 만들거나, 특정 작업을 수행하도록 하거나, 접근할 수 없는 공간 또는 시스템에 대한 접근 권한을 획득하는 기법입니다. 간단히 말해, 사이버 범죄자가 자신의 이익을 위해서 타인을 속이고 착취하는 방법을 말하지요. 사회공학의 대표적인 예가 바로 피싱Phishing입니다.

사회공학이라는 명칭을 사용하는 이유를 살펴보면, '사회'는 공격자가 악용하는 대인관계 및 상호작용을 나타내고, '공학'은 공격자가 목표를 달성하기 위해 사용하는 체계적이고 계획적인 접근 방식을 나타냅니다. 사회공학을 통한 공격은 일반적으로 잘 계획되어 있으며 대상에 대한 조사, 설득력 있는 메시지나 시나리오 작성, 피해자와의 관계 구축 등과 같은 여러 단계로 이루어져 있습니다.

사회공학은 취약한 인간의 감정과 신뢰를 이용하기 때문에 IT 도구나 최신 기술을 이용하는 방식보다 더 효과적일 수 있습니다. 잘 짜인 사회공학 공격은 피해자를 속여 민감한 정보를 스스로 제공하거나 해서는 안 되는 일을 하게 만듦으로써 가장 강력한 보안 조치도 우회할 수 있습니다.

무엇보다 사회공학은 감지하기 어려워 전문 지식을 가진 사람들조차 사회공학 공격에 속수무책인 경우가 많습니다. 사회공학의 효과는 공격자의 기술 및 준비 수준, 대상의 인식 및 교육 수준, 조직의 보안 정책 등에 따라 다를 수 있습니다. 예를

사회공학으로부터 자신을 보호하려면 공격자가 사용하는 다양한 공격 기술을 이해하고 사회공학적 징후를 인식할 수 있는 역량을 갖추어야 한다.

들어, 보안 지식을 갖추고 사회공학에 대한 교육을 받은 사람은 인식이 부족한 개인보다 사회공학 공격에 덜 취약할 수 있습니다.

사회공학은 다음과 같은 여러 가지 기술과 단계로 이루어집니다. 먼저 공격자는 피해자의 관심사, 습관, 관계 등을 조사하고 프로필을 작성합니다. 공격자는 피해자가 신뢰할 수 있는 권위자 또는 담당자로 가장합니다.

프리텍스팅Pretexting은 피해자를 속이고 정보를 얻기 위해 거짓된 구실이나 이야기를 만드는 행위입니다. 베이팅Baiting은 유인하기 위해 유혹적인 미끼를 남기는 행위로, 예를 들면 공짜 콘텐츠나 상금, 지원금, 저금리 대출 등을 미끼로 정보를 남기도록 하는 것입니다. 설득Persuasion은 피해자에 대한 아첨이나 두려움, 다급함 등의 심리를 자극해 민감한 정보를 공개하거나 특정 행동을 취하도록 회유하는 것입니다.

이 외에도 체계적이고 다양한 사회공학 기술이 있으며, 공격자는 상황과 대상에 따라 여러 기술을 조합하여 사용합니다. 사회공학은 모든 보안 조치를 우회할 수 있을 정도로 무한한 잠재력이 있으며 고도로 개인화될 수 있으므로 개인과 기업 모두 특히 유의해야 합니다.

# 앞으로도 인터넷을 개방적이고
# 자유롭게 사용할 수 있을까?
## _망 중립성 이슈

망 중립성Net Neutrality이란 인터넷 서비스 제공업체ISP가 사용자, 웹 사이트, 콘텐츠, 플랫폼, 애플리케이션, 장비 유형, 통신 방식 등과 관계 없이 인터넷의 모든 데이터를 동등하게 취급해야 한다는 원칙을 말합니다. 즉, 인터넷 서비스 제공업체는 특정 웹 사이트나 서비스에 대한 통신 속도를 늦추거나 차단할 수 없으며 특정 콘텐츠에 더 빠르게 접근하기 위해 추가 요금을 부과할 수 없다는 원칙입니다.

망 중립성은 인터넷이 모든 사람을 위한 개방적이고 공정한 경쟁의 장이 되도록 하는 중요한 개념입니다만, 최근 몇 년 동안 이해관계의 대립으로 인해 망 중립성에 대한 많은 논쟁이 발생했습니다. 망 중립성 지지자들은 표현의 자유와 혁신을 장려하기 위해 꼭 필요한 원칙이라고 주장하는 반면에, 반대론자들은 인터넷 서비스 제공업체의 희생을 강요하며 투자 및 혁신을 억누른다고 주장합니다.

인터넷 서비스 제공업체는 일부 서비스가 많은 트래픽을 발생시키고 있어 특정 유형의 서비스에 더 많은 요금을 부과할 수 있어야 한다고 주장하며, 소비자 단체는 그렇게 하게 되면 소비자와 소규모 기업에 해로울 것이라고 주장합니다.

2010년 미국의 연방통신위원회Federal Communications Commission, FCC는 광대역 인터넷을 공공재로 판단하고 인터넷 서비스 제공업체에 투명성, 차단 금지, 부당한 차

별 금지 등을 요구하는 망 중립성 규칙Open Internet Order을 승인했습니다. 그러나 2017년 트럼프 행정부는 이러한 규칙이 혁신을 방해한다면서 이를 폐지했고, 결국 새로운 논쟁과 법적 문제로 이어지게 됐습니다. 일부 주에서는 자체 망 중

망 중립성이 표현의 자유와 혁신을 촉진한다는 주장이 있는 반면에, 반대하는 측에서는 망 중립성 규제가 투자와 혁신을 제한한다고 주장한다.

립성 법을 통과시켰고, 일부 주는 연방통신위원회를 상대로 소송을 제기했습니다.

망 중립성 정책을 시행하는 국가로 영국, 유럽, 캐나다, 인도, 일본, 브라질 등이 있습니다. 국내의 경우에 콘텐츠 제공업체Contents Provider, CP와 시민단체는 망 중립성을 강력히 지지하는 반면에 인터넷 서비스 제공업체는 망 이용료 부과가 필요하다는 입장이어서 서로 대립하는 상황에서 논쟁이 벌어지고 있습니다.

통신 기술이 계속 발전하고 막대한 투자가 필요해짐에 따라 망 중립성을 시행 중인 국가에서도 망 중립성 원칙의 수정이 필요하다는 목소리가 나오고 있으며, 또한 그런 시도가 망 중립성 원칙을 훼손한다는 주장도 이어지고 있습니다.

현재 망 중립성을 시행 중인 국가라 할지라도 앞으로 규정을 변경하거나 새로운 논란이 발생할 수 있으며, 망 중립성 논란은 영구적인 합의에 도달할 때까지 한동안 계속될 것으로 보입니다.

# 사이버 스파이 활동에
# 어떻게 대응해야 할까?
## _사이버 범죄

사이버 범죄Cybercrime란 디지털 기술과 인터넷을 사용하여 수행되는 다양한 범죄 행위를 뜻하는 용어입니다. 해킹, 피싱이나 악성코드를 이용한 공격 외에도 단순한 형태의 온라인 사기에서 신원 도용, 사이버 폭력, 컴퓨터 시스템 및 네트워크에 대한 매우 복잡하고 정교한 공격에 이르기까지 다양합니다.

사이버 범죄는 개인, 기업, 국가에 심각한 피해를 줄 수 있어 세계적으로 매우 심각한 문제입니다. 사이버 범죄로 인한 피해는 금전, 평판, 심지어 물리적인 피해나 손상으로 이어질 수도 있습니다.

예를 들면, 사이버 범죄자가 민감한 개인정보나 금융 데이터를 훔쳐 재정적인 피해를 일으킬 수 있고, 개인정보를 무단으로 사용해 계좌를 개설하거나 대출받거나 사기성 구매를 하는 등 신원 도용과 금전 피해를 동시에 유발할 수도 있습니다. 또한 전력망, 병원, 교통 시스템과 같은 중요 인프라에 대한 공격을 수행하여 사람들을 생명의 위험에 빠뜨릴 수도 있습니다.

사이버 폭력 또는 사이버 괴롭힘Cyberbullying도 명백한 범죄입니다. 소셜미디어나 메신저 등을 통해 누군가에게 위협적이거나 모욕적인 메시지를 보내는 것, 온라인에서 누군가에 대한 험담이나 거짓 소문을 퍼뜨리는 것, 누군가의 동의 없이 적나라한

사진이나 동영상을 게시하는 것, 온라인 커뮤니티에서 누군가를 괴롭히거나 따돌리는 것 등이 모두 사이버 폭력에 해당합니다.

사이버 범죄자는 디도스 Distributed Denial of Service, DDoS, 즉 분산 서비스 거부 공격으로 기업이나 정부 기관에 심각한 혼란을 발생시키기도 합니다. 디도스는

사이버 범죄는 직접적인 피해 외에도 생산성 손실, 사이버 사고 조사 및 대응 비용, 미래 공격을 예방하기 위한 사이버 보안 조치 비용 등과 같은 간접 비용도 발생시킨다.

웹 사이트나 서버를 트래픽으로 압도하여 사용자가 사용할 수 없도록 만드는 것으로 공격받은 대상에 비즈니스 손실, 평판 손상, 법적 책임을 초래할 수 있습니다.

사이버 스파이 활동Cyber Spying 또는 Cyber Espionage은 다른 기업이나 국가의 중요한 정보를 훔치는 것으로 기업의 지적 재산을 훔쳐 심각한 손실을 유발할 수 있고, 국가를 대상으로 할 경우에는 군사작전 교란, 국가 기밀 도난, 사회 인프라 파괴 등 국가 안보에 큰 위협이 될 수도 있습니다. 지난 수년간 발생한 사이버 스파이 사건만 꼽아도 미국 방위산업체에 대한 중국의 해킹, 러시아의 미국 민주당 해킹, 이란의 미국 정부 기관 해킹, 중국의 호주 국회 해킹 등 많은 사례가 있습니다.

사이버 범죄는 개인, 기업, 정부에 중대한 위협이며 이에 대처하고 예방하기 위해서는 정보 공유, 공공 부문과 민간 부문의 협력, 교육 및 인식 프로그램, 국제 협력 등 모든 이해관계자의 공동 노력이 필요합니다.

# 5장

---

# 최신 IT와 인공지능

---

- ☑ 클라우드 컴퓨팅
- ☐ 빅데이터
- ☐ 사물인터넷
- ☐ 스마트홈
- ☐ 블록체인
- ☐ 암호 화폐와
  가상 자산
- ☐ NFT
- ☐ 확장현실
- ☐ 메타버스
- ☐ 서비스 로봇
- ☐ 자율주행차
- ☐ 가상 인간
- ☐ 양자 컴퓨터
- ☐ 인공지능

- ☐ 머신러닝과 딥러닝
- ☐ 가상 비서와 챗봇
- ☐ 챗GPT
- ☐ 기술적 특이점

# 클라우드 컴퓨팅

클라우드를 이용하면 어떤 이점이 있을까?

클라우드 컴퓨팅Cloud Computing은 인터넷을 통해 서버, 스토리지, 데이터베이스, 소프트웨어 등을 포함한 다양한 컴퓨팅 서비스를 제공하는 것을 뜻하며, 줄여서 클라우드라고 합니다. 클라우드, 즉 구름이라는 단어를 사용하는 이유는 구름이 인터넷의 은유로 쓰여 자료를 그림으로 표현하는 다이어그램Diagram 등에서 종종 구름 모양으로 표현되기 때문입니다.

클라우드를 이용하면 사용자가 값비싼 하드웨어 및 소프트웨어를 구입하거나, 설치, 관리에 비용과 인력을 투자할 필요가 없습니다. 대신 사용자는 클라우드 제공업체의 서비스로 필요한 서버와 소프트웨어를 이용할 수 있으며 자기가 이용한 만큼만 비용을 지불하면 됩니다.

사용자는 필요에 따라 이용하는 서비스나 사용 용량 등을 빠르게 확장하거나 축소할 수 있습니다. 쇼핑몰을 운영하는 사업자를 예로 들면, 고객이 몰리는 바쁜 일자에는 서버를 확장하고 한산한 일자에는 축소해 비용을 크게 절감할 수 있지요.

클라우드 제공업체는 고객이 운영하는 서비스와 데이터를 보호하기 위해 최신 보안 기술을 도입하고 지속적으로 보안 패치를 하는 등 보안 조치에 많은 투자를 합니다. 일반적으로 클라우드 제공업체의 보안 시스템은 개인이나 일개 기업이 구현하기 어려운 고급 보안 기능을 갖추고 있기 때문에, 클라우드를 이용하면 보안상의 이점도 함께 누릴 수 있습니다.

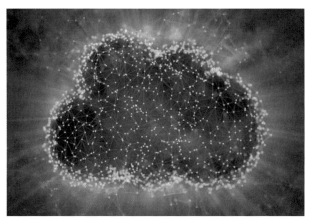

클라우드의 주된 이점 중 하나는 접근성이다. 사용자는 인터넷 연결을 통해 언제 어디서나 애플리케이션과 데이터에 액세스할 수 있다.

클라우드는 IaaS, PaaS 및 SaaS의 세 가지 주요 모델로 구분됩니다. IaaSInfrastructure as a Service는 서비스형 인프라라는 뜻으로, 사용자에게 서버 및 스토리지와 같은 기본적인 컴퓨터 자원에 대한 액세스를 제공합니다. PaaSPlatform as a Service는 서비스형 플랫폼을 말하며, 개발자가 클라우드를 통해 애플리케이션을 개발, 테스트, 배포할 수 있도록 해줍니다. SaaSSoftware as a Service는 서비스형 소프트웨어라는 뜻으로, 사용자에게 인터넷을 통해 애플리케이션에 대한 액세스를 제공합니다. 고객관리, 회계 등 여러 분야의 애플리케이션이 SaaS 형태로 제공되고 있습니다.

클라우드 시장의 주요 브랜드로 아마존의 AWS, 마이크로소프트의 애저, 구글의 GCPGoogle Cloud Platform, 알리바바Alibaba 클라우드, 오라클 클라우드, 세일즈포스Salesforce 등을 꼽을 수 있습니다.

많은 기업이 클라우드로 기업 시스템을 이전하고 있는 데다 앞으로 인공지능 기반 클라우드 서비스가 크게 확산할 것으로 예상되어 클라우드의 미래는 매우 유망합니다.

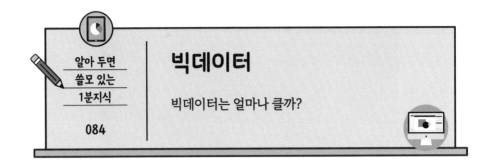

# 빅데이터

빅데이터는 얼마나 클까?

빅데이터Big Data는 기존의 데이터 도구로 관리하고 분석하기에는 크고 복잡한 데이터 집합을 설명하는 용어입니다. 빅데이터라는 용어는 2001년 처음으로 등장했는데, 다양한 산업 분야에서 점점 보편화되고 있는 대규모 데이터 집합을 설명하기 위해 시장조사기관 가트너Gartner가 처음 사용한 것으로 알려져 있습니다.

빅데이터의 특성을 세 가지로 구분해 3V라고 표현하기도 합니다. 먼저 용량 Volume 측면에서 빅데이터는 테라바이트Terabyte. TB. 약 1,000GB에서 페타바이트Petabyte, PT, 약 1,000TB, 심지어 엑사바이트Exabyte, EB, 약 1,000PB에 달할 정도로 방대합니다. 그래서 기존의 데이터 도구 및 접근 방식으로는 쉽게 관리하거나 분석할 수 없습니다. 참고로 미국 의회 도서관의 수백만 권의 책, 지도, 사진 및 기타 문서를 포함하는 전체 콘텐츠 용량이 약 10PB로 추정됩니다.

속도Velocity 측면에서 빅데이터는 매우 빠른 속도로 생성되고 업데이트됩니다. 빅데이터는 소셜미디어, 사물인터넷 센서 네트워크, 금융 거래, 우주 실험 등과 같은 다양한 곳에서 수집되는데, 이러한 데이터는 일반적으로 완전히 실시간이거나 거의 실시간으로 생성되며 신속하게 처리되어야 합니다.

마지막으로 다양성Variety 측면에서 빅데이터에서는 정형, 반정형, 비정형 데이터 등 다양한 데이터 형식이 모두 활용됩니다. 정형Structured 데이터란 기존 데이터 도구로 충분히 처리할 수 있는 구조화된 데이터로 관계형 데이터베이스, 스프레드

빅데이터 기술을 이용하면 비즈니스와 고객 경험을 개선하는 데 도움이 되는 패턴이나 추세를 찾아낼 수 있다.

시트 등에 저장된 데이터입니다. 반정형Semi-structured 데이터는 완전히 구조화된 것은 아니지만 XML처럼 도움이 되는 일부 태그가 포함된 데이터를 뜻합니다. 비정형Unstructured 데이터는 이메일, 동영상, 소셜미디어 게시물 등과 같이 고유한 구조가 없어 처리하고 분석하기 어려운 유형의 데이터입니다.

　빅데이터 도구를 이용하면 방대한 데이터로부터 실행에 옮길 수 있는 유용한 정보, 즉 인사이트Insight를 얻고 데이터를 기반으로 의사결정을 내리는 데 도움을 받을 수 있습니다. 시중에 출시된 유명한 빅데이터 소프트웨어 및 서비스로 아파치 하둡Apache Hadoop, NoSQL 데이터베이스, 아마존 레드시프트Amazon Redshift 등을 꼽을 수 있습니다.

　다양한 산업과 분야에서 데이터 기반 인사이트가 점점 더 중요해지고 있고 인공지능을 통해 데이터 분석이 고도화되고 있어, 앞으로 더 혁신적이고 강력한 빅데이터 기술이 등장할 것으로 예상됩니다.

# 사물인터넷

스마트 시티에서 사물인터넷은
얼마나 중요할까?

사물인터넷Internet of Things, IoT은 다양한 유형의 장치를 인터넷에 연결해 데이터를 교환하고 특정 작업을 수행할 수 있도록 하는 네트워크이자 기술을 의미합니다. 사물인터넷에 참여하는 장치들은 서로 통신하고 데이터를 공유하며 특정 프로세스를 자동으로 실행할 수도 있습니다.

용어에 사물Things이라는 단어를 사용하는 이유는 가전제품, 웨어러블 기기, 자동차, 산업용 기계에 이르기까지 광범위한 것들이 모두 포함되기 때문입니다. 여기에서 사물은 단순히 무생물이 아니라 해당 개체에 통신이 가능한 지능형 장치와 애플리케이션을 포함한 것입니다.

사물인터넷은 센서Sensor, 연결성Connectivity, 클라우드 컴퓨팅을 비롯한 여러 요소로 구성됩니다. 센서는 환경의 변화를 감지하고 측정하기 위한 것으로 온도 센서, 습도 센서, 압력 센서, 근접 센서, 조명 센서, 가속도계, 자기 센서 등 다양한 종류가 있습니다. 연결성이란 사물인터넷 장치가 인터넷이나 다른 장치에 연결해 데이터를 공유하고 서로 통신하는 것을 뜻합니다. 그리고 클라우드를 통해 사물인터넷 장치에서 생성된 대량의 데이터를 수집하고 분석합니다.

사물인터넷의 응용 분야는 의료, 운송, 제조, 농업 등 광범위합니다. 의료 분야에서는 사물인터넷을 사용해 환자 상태를 모니터링하고 의료진에게 실시간 데이터를 제공할 수 있습니다. 웨어러블 기기의 데이터를 분석하여 착용한 사람의 운동 및 건

농업에도 사물인터넷을 사용해 작물 성장을 모니터링하고 작물 수확량을 개선할 수 있다. 사물인터넷은 농업에 근본적인 변화를 가져올 잠재력이 있다.

강 상태에 대해 알릴 수도 있습니다. 운송 분야에서는 사물인터넷으로 차량의 안전과 효율성을 개선할 수 있고, 공장에서는 제조 설비에 문제가 발생하기 전에 감지하고 사전 조치함으로써 가동 중지 시간을 줄이고 생산성을 높일 수 있습니다.

스마트 시티Smart City는 도시 인프라의 효율성을 개선하고, 교통 혼잡을 줄이며, 공공 안전을 개선하고, 에너지 사용을 최적화하고, 미래 세대를 위하여 환경·사회·경제적 요소가 균형을 이루야 한다는 지속가능성Sustainability을 지원하기 위해 사물인터넷 기술을 도시 전반에 활용합니다. 예를 들어, 사물인터넷 가로등은 센서를 이용해 보행자 및 차량 통행에 따라 조명 수준을 조정하여 에너지 소비를 줄이고 공공 안전을 개선할 수 있습니다.

그러나 사물인터넷이 광범위하게 사용됨에 따라 개인정보 수집 및 사생활 침해에 대한 우려도 커지고 있습니다. 사물인터넷 장치는 사용되는 환경에 따라 민감한 데이터를 수집하고 전송할 수 있으므로, 데이터 유출 및 해킹으로부터 보호하기 위해 충분한 보안 조치를 마련할 필요가 있습니다.

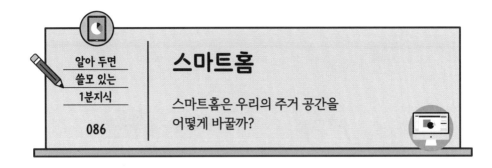

# 스마트홈

스마트홈은 우리의 주거 공간을
어떻게 바꿀까?

스마트홈Smart Home은 스마트폰이나 기타 장치를 통해 원격으로 제어할 수 있는 다양한 인터넷 연결 장치가 장착된 집을 뜻합니다. 스마트홈은 다양한 기기를 인터넷에 연결하여 데이터를 수집하고 교환하는 사물인터넷을 기반으로 합니다. 즉, 스마트홈 역시 사물인터넷의 일부인데, 우리 실생활과 밀접한 관계가 있고 가정에서 바로 사용할 수 있는 부분이라 별도로 다루는 경우가 많습니다.

스마트홈 장치에는 냉난방 조절기, 조명 시스템, 보안 카메라, 도어 잠금장치, 각종 스마트 가전제품 등 다양한 유형이 있습니다. 스마트홈 장치의 수와 종류가 계속해서 증가함에 따라 스마트홈은 사물인터넷 생태계에서 점점 더 영향력이 커져 가고 있습니다. 스마트홈 장치는 기본적으로 사물인터넷 장치이므로 센서, 소프트웨어를 탑재하고 통신이 가능해 다른 장치와 데이터를 주고받을 수 있습니다.

스마트홈에서는 가정에서 필요한 조명, 냉난방, 보안 기능을 제공하는 스마트홈 장치와 각종 센서를 연결해 기능을 제어하고 자동화합니다. 스마트홈 장치는 스마트폰 앱이나 가상 비서를 통해 제어하지요.

시장에는 구글, 아마존, 삼성, 애플, 필립스 등 여러 브랜드의 스마트홈 장치들이 출시되어 있습니다. 구글의 스마트홈 브랜드 네스트는 2014년 구글이 인수한 것입니다. 구글은 네스트 브랜드로 사용자의 활동 패턴을 학습해 자동으로 온도를 조절하는 장치, 방문자를 모니터링하는 비디오 초인종, 동작 감지 및 양방향 통신을 제공

아마존이 공개한 링 올웨이즈 홈 캠(Ring Always Home Cam)은 세계 최초의 가정용 실내 비행 보안 카메라로, 집 안을 자동으로 비행하면서 집 안에서 발생한 일을 확인한다.

하는 보안 카메라, 네스트 장치들을 제어할 수 있는 스마트 디스플레이 등 다양한 제품을 출시했습니다. 네스트 장치들은 원활하게 함께 작동하도록 설계되어 있으며, 구글 어시스턴트를 이용해 음성으로 제어할 수 있습니다.

아마존은 스마트홈 분야에 링Ring 브랜드를 사용하고 있는데 이 역시 구글이 네스트를 인수했듯 2018년에 인수한 것입니다. 아마존은 링 브랜드로 보안 카메라, 경보 시스템 등 주로 스마트홈 보안 제품을 선보인 상태입니다.

스마트홈에 관심 있는 사람들이 점점 늘어나고 스마트홈 장치 가격도 계속 저렴해지고 있기 때문에 스마트홈의 미래는 밝습니다. 스마트홈은 사용자의 선호도와 사용 패턴을 학습하고 맞춤화, 자동화함으로써 더 많은 편의성과 에너지 효율성을 제공하는 방향으로 발전할 것입니다.

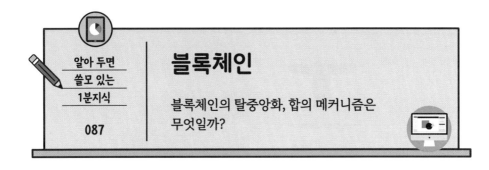

# 블록체인

블록체인의 탈중앙화, 합의 메커니즘은
무엇일까?

블록체인Blockchain은 데이터를 블록이라는 작은 단위로 나누고 암호화하여 서로 연결하는 방식으로 데이터를 저장하는 기술입니다. 이렇게 연결된 블록들은 블록체인 네트워크에 참여하는 모든 컴퓨터에 복사되어 저장되므로 중앙 서버가 필요 없고 위변조가 어렵습니다. 이러한 다수의 블록이 체인 형태로 연결되어 있어 블록체인이라는 용어를 사용합니다. 블록체인은 중앙 기관이나 서버 없이 정보를 저장하고 공유하고 검증할 수 있는 탈중앙화 또는 분산형 데이터베이스Decentralized Database이기도 합니다.

블록체인은 거래나 계약과 같은 활동을 기록하고 검증하는 시스템에 사용할 수 있습니다. 블록체인의 기본 목표는 거래 기록을 안전하게 저장하는 것입니다. 각 블록에는 거래 목록과 함께 해시Hash라는 고유 코드가 포함됩니다. 해시는 데이터 위변조를 검증하기 위해 사용하는 값으로 수학적 알고리즘에 의해 만들어지며, 체인의 각 블록을 식별하고 각 블록을 체인의 이전 블록에 연결하는 데 사용됩니다. 이를 통해 블록을 계속 연결하는 방식으로 블록체인을 생성하면서 검증 가능한 구조를 구축합니다.

블록체인은 기술적인 측면에서 P2P 네트워크의 형태로 구현됩니다. P2P 네트워크에서는 참여한 모든 컴퓨터가 동등한 지위이며 중앙 서버 없이 서로 직접 통신하고 상호작용할 수 있어 데이터의 분산 공유가 가능합니다.

블록체인은 P2P 네트워크를 기반으로 암호Cryptography 기술과 합의 메커니즘Consensus Mechanism을 이용해 거래를 검증하고 체인에 새 블록을 추가합니다. 합의 메커니즘은 블록체인의 중요한 특성으로, 거래의 유효성과 블록체인에 추가되는 순서를 블록체인 네트워

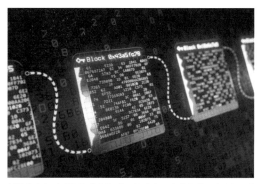

블록체인의 이점은 중개자가 없는 투명하고 안전한 네트워크를 통해 거래가 이뤄진다는 점이며, 잠재적으로 응용할 수 있는 분야가 많지만 한편으로는 해결해야 할 과제도 많다.

크에 참여한 컴퓨터 간의 합의를 통해 결정하는 것입니다. 이 같은 방법을 이용하기에 블록체인은 안전하며 변조되지 않습니다.

블록체인 기술이 큰 주목을 받은 이유는 중앙 기관이나 중개자 없이 투명하고 안전하게 거래할 수 있는 가능성을 열어 주었다는 점에 있습니다. 하지만 거래 검증에 시간이 소요되고, 확장성에도 한계가 있으며, 상호 운용성이 부족할 뿐더러, 거래 검증에 막대한 에너지가 소비되는 등 다양한 문제를 안고 있습니다. 또한 법제도 미비와 암호 화폐를 이용한 금융 사기 등으로 커다란 사회·경제적 혼란까지 야기한 바 있습니다.

블록체인은 아직 미성숙한 기술이며 모든 분야에 적합한 것도 아닙니다. 앞으로의 기술 발전과 응용 서비스의 전개 방향을 살펴보면서 신중하고 합리적으로 선택해야 할 기술입니다.

# 암호 화폐와 가상 자산

암호 화폐, 가상 화폐, 가상 자산의 차이는?

암호 화폐Cryptocurrency는 블록체인과 암호 기술을 기반으로 생성되고 운용되는 디지털 화폐입니다. 암호 화폐는 분산된 네트워크에 의해 거래가 검증되는 블록체인 기술을 통해 모든 거래를 투명하게 관리하고, 암호 기술로 거래 및 개인정보를 안전하게 처리합니다.

블록체인은 탈중앙화되어 있어 정부나 중앙 기관, 중개자 등으로부터 독립적으로 운영되는데, 암호 화폐는 블록체인 기술의 구체적인 결과물 중 하나로 인기를 얻게 됐습니다. 가장 잘 알려진 암호 화폐는 2009년 공개된 비트코인Bitcoin, BTC입니다. 비트코인의 인기는 이후에 이어지는 모든 암호 화폐의 개발에 지대한 영향을 미쳤습니다.

비트코인 외의 모든 암호 화폐를 알트코인Altcoin이라고 합니다. 비트코인 이후 수천 개의 다양한 암호 화폐가 시장에 등장했고, 한때 시가총액이 수천억 달러에 달할 정도로 뜨거운 관심을 불러일으켰습니다. 비트코인 외에 인기 있는 암호 화폐로는 이더리움Ethereum, ETH, 리플Ripple, XRP, 테더Tether, USDT 등이 있으며, 각 암호 화폐에는 고유한 기능과 응용 사례가 있습니다. 어떤 암호 화폐를 선택할지는 사용자의 용도와 선호도에 따라 다릅니다.

암호 화폐는 결제 또는 교환에 사용할 수 있으며 전자적으로 저장, 전송, 거래할 수 있습니다. 암호 화폐는 암호 화폐 거래소를 통하거나 개인적인 거래로 사고팔 수

있으며, 제한적이긴 하지만 일부 상품 또는 서비스 구매에 암호 화폐를 지불수단으로 사용할 수도 있습니다. 암호 화폐의 가치는 변동성이 매우 커서 상품 결제에는 적합하지 않은데, 이는 시장 상황에 따라 달라질 수 있습니다.

암호 화폐의 가치는 시장의 수요와 공급에 의해 결정되는데 각종 뉴스, 글로벌 경제 상황, 규제, 투자 심리 등 수많은 요인에 의해 영향을 받는다.

암호 화폐 외에 가상 화폐Virtual Currency라는 용어도 종종 사용됩니다. 엄밀히 말해 가상 화폐는 암호 화폐를 포함해 특정 회사가 중앙집중식으로 발행하고 관리하는 것까지 모두 포괄하는 더 넓은 범위의 개념입니다. 하지만 일반적으로는 암호 화폐와 같은 맥락에서 대체 용어로 사용되고 있습니다.

가상 자산Virtual Asset은 전자적으로 저장, 전송, 거래하는 모든 디지털 자산을 뜻하며 암호 화폐, 가상 화폐보다 더 넓은 범위의 용어입니다. 가상 자산은 디지털 화폐와 같은 가치 저장 수단뿐만 아니라 게임, 가상 상품, 기타 디지털 자산의 모든 유형을 포함할 수 있습니다. 하지만 현실에서는 가상 자산을 암호 화폐의 대체 용어로 사용하는 경우가 많으니 용어가 쓰인 맥락에 따라 의미를 파악할 필요가 있습니다.

암호 화폐는 빠르게 변화하는 분야로 잠재적 응용 가치가 있으나, 한편으로는 다양한 규제, 사기, 각종 시장 위험에 노출되어 있으므로 암호 화폐에 투자할 때는 면밀히 조사하고 상당한 위험을 감수해야 합니다.

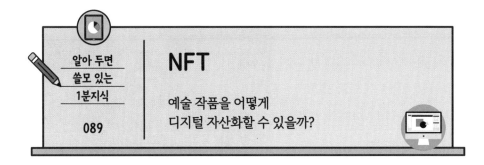

# NFT

예술 작품을 어떻게
디지털 자산화할 수 있을까?

NFT는 대체 불가능한 토큰Non-Fungible Token의 약자로 예술 작품, 음악, 비디오, 트윗, 가상 부동산 등과 같은 다양한 유형의 콘텐츠와 가상 상품에 대한 소유권을 증명하는 디지털 자산입니다. NFT가 생성되면 소유권과 진위를 확인하는 데 사용할 수 있는 고유 식별자가 할당됩니다. 이 식별자는 모든 거래를 기록하는 블록체인에 저장되어 안전하게 보호됩니다.

용어를 풀어서 설명하면, NFT에서 '대체 불가능'이라는 말은 서로 교환할 수 있는 전통적인 화폐나 암호 화폐, 즉 대체 가능한 토큰과 달리 동일한 유형의 다른 자산으로 교환할 수 없다는 의미입니다. 예를 들면, 모든 화폐는 다른 화폐로 교환이 가능하고 동일한 가치를 유지하는 반면에 미술품의 경우에는 한 작가의 그림을 다른 작가의 그림으로 교환할 수 없습니다. 각 그림이 독특하고 고유한 가치를 갖고 있기 때문입니다. 마찬가지로 NFT도 고유한 디지털 자산입니다.

NFT를 생성하려면 아티스트 또는 크리에이터가 이더리움과 같은 블록체인 플랫폼에서 NFT를 생성해야 합니다. 여기에서 NFT를 생성한다는 것은 소유권을 나타내는 새 토큰을 생성한다는 것과 같은 말입니다. 토큰의 사전적 의미는 '사전에 약속된 재화 및 서비스에 대한 권리를 나타내는 증표'입니다. NFT에서 토큰은 블록체인에서 생성 및 저장되고 소유권을 나타내는 증표라는 뜻으로 사용되고 있습니다.

NFT가 발행되면 오픈씨OpenSea, 니프티 게이트웨이Nifty Gateway, 래리블Rarible, 슈

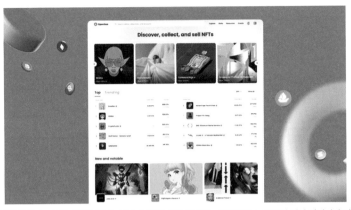

NFT는 유일무이하며 고유한 가치를 지니는데, NFT의 가치를 결정하는 핵심 요소는 작품이 지닌 진정성과 희소성이다.

퍼레어SuperRare 등과 같은 여러 온라인 NFT 마켓플레이스에서 암호 화폐를 결제 수단으로 사용하여 구매하거나 판매할 수 있습니다. 구매자가 NFT 구매 비용을 지불하면 NFT 소유권이 구매자의 디지털 지갑으로 이전됩니다. 모든 내용은 블록체인에 기록되며 NFT 소유권과 거래 내역을 투명하고 안전하게 추적할 수 있습니다.

NFT는 예술, 게임, 엔터테인먼트 산업에서 상당한 화제를 불러일으켰습니다. NFT를 통해 미술가, 음악가를 비롯한 다양한 아티스트와 크리에이터들이 자기 작품과 관련해 새로운 수익을 창출할 기회와 팬과 소통할 새로운 기회를 얻을 수 있게 되었기 때문입니다.

NFT의 가치는 아티스트나 크리에이터의 명성, 작품의 희귀성, 역사적 중요성, 수집가 및 애호가 사이의 수요 등 다양한 요인에 의해 결정됩니다. 일부 NFT는 수백만 달러에 판매되어 큰 화제가 되기도 했습니다.

NFT의 미래에 대해서는 다양한 변수와 불확실성이 존재하므로, 모든 가능성을 열어 두고서 앞으로의 전개 방향에 따라 판단하는 게 합리적입니다.

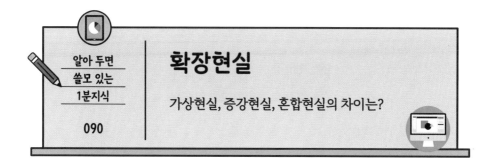

# 확장현실

가상현실, 증강현실, 혼합현실의 차이는?

가상현실Virtual Reality, VR은 HMDHead-mounted Display 또는 간단히 헤드셋이라고 불리는 장치를 통해 완전한 몰입을 제공함으로써 현실 세계Real World를 가상 세계로 대체하는 기술입니다. 간단히 말해, 현실이 아닌 세계를 체험할 수 있는 기술입니다. 가상현실은 게임, 훈련, 교육 및 시뮬레이션, 엔터테인먼트 등에 사용되며 메타의 오큘러스 퀘스트Oculus Quest, HTC 바이브Vive, 플레이스테이션 VRPlayStation VR 등의 가상현실 플랫폼이 있습니다.

증강현실Augmented Reality, AR은 스마트폰, 태블릿, 스마트 안경 등을 통해 보는 실제 세계의 환경 위에 디지털 요소를 겹쳐서 보여 주는 것입니다. 증강현실은 게임, 광고, 교육, 엔터테인먼트 등의 분야에서 활용되고 있습니다. 일반적으로 스마트폰이나 태블릿으로 증강현실을 이용하는 경우가 많은데, 스마트 안경 형태의 구글 글래스Google Glass를 비롯해 매직리프Magic Leap, 부직스Vuzix 등의 업체가 선보인 증강현실 전용 헤드셋도 있습니다.

혼합현실Mixed Reality, MR은 헤드셋이나 스마트 안경을 통해 가상과 현실의 요소를 결합함으로써 디지털 세계와 물리적 세계가 통합된 새로운 환경을 구현하는 몰입형 기술입니다. 혼합현실은 증강현실의 연장선에 있는 기술이라고 볼 수 있는데, 마이크로소프트가 홀로렌즈HoloLens라는 헤드셋을 선보이면서 혼합현실이라는 용어를 강조해 알려졌습니다.

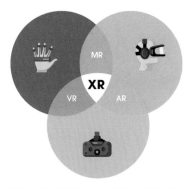

확장현실은 가상현실, 증강현실, 혼합현실 등 모든 몰입형 기술을 포괄하는 용어로 시각, 청각, 촉각과 같은 여러 감각을 제공함으로써 사용자에게 양방향의 매력적인 경험을 제공한다.

혼합현실은 증강현실과 마찬가지로 실제 세계와 디지털 요소를 섞어서 보여 준다는 점에서는 같습니다. 그러나 혼합현실은 여기에 추가로 실제 세계와 디지털 세계가 상호작용한다는 점에서 차이가 있습니다. 즉, 증강현실이 실제 세계와 디지털 요소를 중첩해서 보여 주는 정도에 그쳤다면, 혼합현실에서는 실제 세계의 사물과 디지털 요소가 상호작용 가능합니다. 하지만 후자도 증강현실이라고 말하는 업체들이 있으므로 용어가 쓰인 맥락에 따라 뜻을 이해할 필요가 있습니다.

결과적으로 혼합현실은 증강현실의 더 발전된 형태라고 보면 됩니다. 이렇듯 ○○현실이라는 용어가 늘어나면서 이들을 모두 묶어서 표현하기 위한 확장현실Extended Reality, XR이라는 용어가 등장하게 됐습니다.

확장현실에는 게임, 엔터테인먼트, 교육, 의료, 산업 디자인, 건축, 마케팅을 비롯해 광범위한 응용 분야가 있습니다. 확장현실은 하드웨어와 소프트웨어 모두에서 새로운 혁신이 계속 이루어지고 있어, 다소 부침이 있더라도 장기적으로는 더욱 매력적인 경험을 제공할 것으로 전망됩니다.

# 메타버스

우리가 일하고 배우고 놀고 상호작용하는
방식은 어떻게 변화할까?

메타버스Metaverse는 가상과 초월을 의미하는 메타Meta라는 단어와, 세계와 우주를 의미하는 버스Verse가 합쳐진 합성어로, 현실 세계와 같은 사회·경제·문화 활동이 이루어지는 3차원 가상 세계를 설명하는 용어입니다. 다르게 표현하면, 메타버스는 컴퓨터로 생성된 가상 세계에서 사용자가 다른 사용자와 실시간으로 상호작용할 수 있는 몰입형 3차원 가상 환경입니다.

메타버스를 '인터넷 후속으로서의 가상 세계'로 보는 관점도 있는데, 이처럼 메타버스에는 단일한 정의가 없어 용어가 쓰인 맥락에 따라 이해할 필요가 있습니다. 메타버스라는 아이디어 자체는 수십 년 동안 존재해 왔지만, 명확한 용어는 1992년 출간된 SF 작가 닐 스티븐슨Neal Stephenson의 소설 『스노 크래시Snow Crash』에서 처음 사용된 것으로 알려져 있습니다. 책에서 메타버스는 수백만 명의 사용자가 공유하는 가상 세계로 묘사되며, 사람들은 가상 세계에서 실시간으로 상호작용합니다.

기술이 발전하면서 메타버스의 개념은 점차 현실에 더 가까워지고 있습니다. 메타버스의 발전에 기여한 핵심 기술로 가상현실, 증강현실, 블록체인, 인공지능, 클라우드 컴퓨팅 등을 꼽을 수 있습니다. 주요 메타버스 플랫폼으로는 메타의 호라이즌 월드Horizon World를 비롯해 로블록스Roblox, 마인크래프트Minecraft, 디센트럴랜드Decentraland, 스페이셜Spatial 등이 있습니다.

메타버스는 사용자가 현실 세계에서 언제든지 메타버스에 접속할 수 있도록 365

메타버스는 가상 세계가 완전히 실현되고 상호 연결된 공간으로 게임, 소셜 네트워크, 공연 분야에서 관심이 높다.

일 24시간 액세스할 수 있는 가상 세계를 제공합니다. 또한 메타버스는 수많은 사람이 동시에 이용할 수 있는 다중 사용자 환경으로 설계되어 동일한 가상 세계에서 실시간으로 다른 사용자와 상호작용할 수 있습니다. 이것은 가상 세계에서 한 사용자가 수행한 작업과 변경 사항이 다른 사용자에게 즉시 표시된다는 의미입니다.

메타버스는 사회적 상호작용을 촉진하도록 설계되어 있어 사용자가 커뮤니티를 쉽게 만들고 서로 연결할 수 있습니다. 만일 가상 세계가 넓고 분리되어 있다고 하더라도, 상호 연결된 가상 세계의 네트워크를 통해 서로 다른 환경 사이를 원활하게 이동할 수 있습니다.

메타버스에서는 사용자가 건물, 물건, 아바타와 같은 자신만의 가상 콘텐츠를 만들어 가상 세계를 확장할 수 있습니다. 또한 메타버스는 자체 가상 경제를 통해 상품과 서비스를 사고팔 수 있는 자체 통화와 시장을 갖고 있습니다. 몰입 관점에서 메타버스는 확장현실 헤드셋을 사용해 강력한 몰입형 경험을 제공하도록 설계됩니다.

물론 모든 메타버스 플랫폼이 이러한 특성을 전부 보유하고 있는 것은 아닙니다. 메타버스 시장은 아직 초기 단계에 불과하기 때문에, 앞으로 발전 과정을 보면서 메타버스의 실체와 문제점을 판단하는 게 합리적입니다.

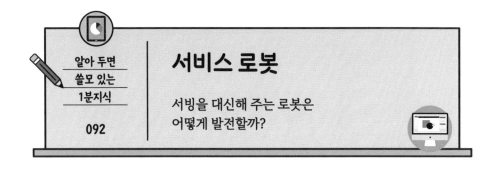

## 서비스 로봇

서빙을 대신해 주는 로봇은
어떻게 발전할까?

서비스 로봇Service Robot은 전통적으로 인간 서비스 작업자가 하던 서빙, 접객, 운송
등과 같은 작업을 수행하도록 설계된 로봇입니다. 간단히 말해, 서비스 분야에서 인
간을 대신해 일하도록 만들어진 로봇입니다. 서비스의 효율성 및 안전성을 높이고
서비스 품질을 개선하는 데 중점을 두고 있지요.

서비스 로봇이라는 용어는 1980년대 국제로봇연맹International Federation of Robotics,
IFR에서 인간을 위한 서비스를 제공하는 로봇을 설명하기 위해 처음 사용했다고 알
려져 있습니다. 서비스 로봇의 개념이 등장하기 이전에도, 공장의 생산 라인에서 반
복적인 작업을 수행하는 산업용 로봇이 널리 사용되고 있었습니다.

서비스 로봇은 산업용 로봇과 달리 제조를 넘어 다양한 서비스를 제공하며 인간
과의 상호작용에 중점을 두고 있습니다. 서비스 로봇은 완전히 자율적이거나 반자율
적일 수도 있으며, 작업자가 원격으로 혹은 사전 프로그래밍된 지침을 통해 제어합
니다. 또한 다양한 센서와 카메라를 장착하여 주변 환경을 탐색하면서 작업을 효과
적으로 수행하지요. 서비스 로봇의 디자인과 기능은 용도와 탑재된 소프트웨어에 따
라 크게 달라집니다.

이미 많은 가정에서 쓰이고 있는 로봇 청소기가 바로 서비스 로봇의 대표적인 사
례입니다. 로봇 청소기는 진공청소기 기능을 제공하는 로봇으로, 센서를 통해 집안
구조와 장애물을 인식하면서 청소 작업을 수행합니다. 아이로봇iRobot을 비롯해 삼성

특정 환경에 적합하고 적절한 비용과 품질을 제공하는 서비스 로봇이 출시되면 도입 사례가 빠르게 증가할 것으로 예상된다.

전자, LG전자 등 많이 기업이 로봇 청소기를 출시한 상태입니다.

배송 로봇은 병원, 호텔, 창고와 같은 다양한 환경에서 물품과 상자를 운송하도록 설계된 로봇으로 스타십Starship, 아마존 스카우트Amazon Scout 등이 있습니다. 접객 로봇은 호텔, 레스토랑, 은행 등과 같은 장소에서 체크인 및 체크아웃, 고객 서비스, 안내 등의 업무를 수행하며 일본 소프트뱅크의 페퍼Pepper가 유명합니다.

서빙 로봇은 접객 로봇의 일종으로, 주로 식당에서 고객에게 음식이나 음료를 전달하는 데 특화된 서비스 로봇입니다. 서빙 로봇은 최근 대중화 속도가 빨라지고 있는데, 식당에서 종업원 대신 사용함으로써 구인난을 해소하고 비용을 절감할 수 있으며 고객과의 접촉을 최소화해 질병 확산의 위험을 줄이는 데도 도움이 되기 때문입니다. 이미 국내에는 푸두테크Pudutech, 키논Keenon 등 중국산 서빙 로봇이 많이 보급된 상태입니다.

의료 로봇은 환자 모니터링, 약물 분배, 수술과 같은 작업에서 의료 전문가를 지원하도록 만들어진 로봇입니다. 소매 로봇은 선반 재입고, 재고 관리, 고객 서비스와 같은 작업을 지원하기 위해 마트, 상점 등의 환경에서 사용됩니다.

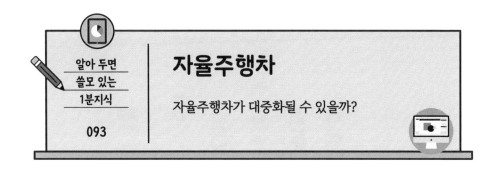

# 자율주행차

자율주행차가 대중화될 수 있을까?

자율주행차Self-driving Car는 다양한 센서와 카메라, 소프트웨어를 조합하여 사람의 개입 없이 도로를 주행하는 차량으로, 운전자 없는 차Driverless Car라고도 부릅니다. 자율주행차에는 인공지능을 비롯해 컴퓨터가 시각적으로 현실 세계를 해석하는 컴퓨터 비전Computer Vision과 같은 첨단 기술이 탑재되어 있어 장애물을 감지하고 교통 표지판을 파악하면서 다양한 운전 상황에 맞춰 스스로 주행 방법을 결정합니다.

자율주행차는 구현된 기술 수준에 따라 레벨 0~5로 구분됩니다. 레벨 0는 자동화가 없는No Automation 단계로, 운전자가 완전히 차량을 제어해야 합니다. 레벨 1은 운전자 지원Driver Assistance 단계로, 특정 상황에서 운전자를 도울 수 있는 적응형 크루즈 컨트롤Adaptive Cruise Control, ACC(전방 차량과의 안전한 차간 거리를 유지하는 시스템) 또는 차선 이탈 경고 등과 같은 일부 운전자 지원 기능이 장착된 상태입니다. 일부 도움을 받기는 하지만 운전자는 운전에 대한 모든 책임을 져야 합니다.

레벨 2는 부분 자동화Partial Automation 단계로, 차량이 방향 조정과 가속 및 감속을 모두 제어할 수 있지만 운전자는 항상 주의를 기울이고 제어할 준비가 되어 있어야 합니다. 즉, 운전자가 운전하지 않아도 차량이 주행할 수는 있지만 이상이 감지되면 운전자가 즉각 개입해야 합니다. 테슬라의 오토파일럿과 GM의 슈퍼 크루즈가 대표적인 예입니다.

레벨 3는 조건부 자동화Conditional Automation 단계로, 고속도로나 특정 운전 상황에

자율주행차는 우리가 이동하는 방식을 변화시킬 수 있는 커다란 잠재력이 있으며, 안전하게 교통 시스템에 통합하기 위해서는 추가적인 연구를 수행하고 법 제도를 마련해야 한다.

서 차량이 독립적으로 작동할 수 있지만 운전자는 여전히 필요한 경우 제어할 준비가 되어 있어야 합니다. 레벨 3 시스템이 탑재된 차량으로 메르세데스 벤츠 S클래스, 현대 제네시스 G90 등이 있습니다. 레벨 2와 3의 차이는 운전자의 책임 수준으로 구분됩니다. 레벨 2에서 운전자는 항상 경계하고 상시적으로 운전할 상태가 되어 있어야 하는데, 레벨 3에서는 특정 조건이 갖추어지면 경계하지 않아도 되지만 필요할 때 바로 운전할 수 있어야 합니다.

레벨 4는 고도 자동화High Automation 단계로, 운전자의 개입 없이 대부분의 주행 상황에서 독립적으로 작동할 수 있지만 악천후 등과 같은 문제 상황에서는 운전자가 운전해야 합니다. 레벨 5는 완전 자동화Full Automation 단계로, 모든 조건에서 완전 자율주행이 가능합니다. 레벨 4와 5는 여러 업체에서 연구 중이며 순차적으로 상용화될 것으로 전망됩니다.

앞으로 자율주행차가 대중화되면 도로 안전 향상, 교통 혼잡 감소, 노인 또는 장애인과 같은 교통 약자를 위한 이동성 향상 등 여러 분야에서 많은 이점이 있을 것으로 예상됩니다. 또한 차량의 공유가 손쉬워져 굳이 차량을 소유할 필요가 없고, 주차 공간의 필요성도 크게 줄어들 뿐만 아니라 연료 소비와 배출량을 낮춰 환경 면에서도 큰 이점이 있을 것입니다.

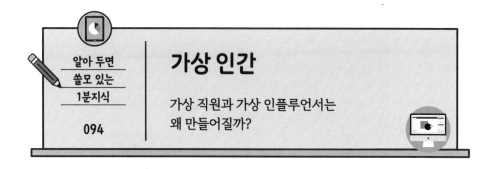

# 가상 인간

가상 직원과 가상 인플루언서는
왜 만들어질까?

가상 인간Virtual Human은 컴퓨터 생성 시뮬레이션을 통해 만들어진 인간을 뜻합니다. 과거에는 훈련, 교육, 오락, 연구 등과 같은 목적으로 가상 인간을 만들었지만, 최근에는 비즈니스 환경에서 가상 직원Virtual Employee으로 일하거나 온라인에서 제품 및 서비스를 홍보하도록 설계된 가상 인플루언서Virtual influencer도 등장하고 있습니다.

그래픽적인 측면에서 가상 인간을 만드는 방식은 다양합니다. 실제 사람을 기반으로 가상 인간을 만들 때는 3D 스캐닝 및 모션 캡처 기술을 통해 개인의 디지털 복제본을 만들어 사용합니다. 처음부터 끝까지 컴퓨터 그래픽으로 가상 인간을 생성해서 사용하는 방식도 있습니다.

가상 인간은 작동 목적과 역량 수준에 따라 여러 유형이 있습니다. 어떤 가상 인간은 단순히 정적인 이미지이거나 애니메이션에 불과하고, 어떤 가상 인간은 좀 더 발전된 형태로 정보를 제공하거나 특정한 작업을 수행합니다. 인공지능을 탑재한 가상 인간은 사용자와 상호작용할 수 있는 대화형 모델로 만들어져 인간의 행동과 감정을 모방해 자연스러운 대화를 이어가기도 합니다.

기업은 비용 절감, 생산성 및 효율성 향상, 마케팅 효과 등 다양한 이유로 가상 직원에 관심이 높습니다. 기존 자동화 소프트웨어와 달리, 가상 직원은 더욱 인간적인 방식으로 사용자와 상호작용하도록 만들어졌습니다. 사용자 요청을 이해하고 적절하게 응답하며, 이를 통해 고객 서비스나 직원 교육과 같은 특정 상황에서 더 매력적

가상 인간은 여러 잠재적 이점을 갖고 있으며 계속 발전하는 분야로, 앞으로 기업 환경과 우리 삶에 미치는 영향이 계속 커질 것으로 전망된다(사진은 로지와 슈두의 협업).

이고 효과적으로 역할을 수행합니다.

인간 직원과 달리 가상 직원은 퇴근이나 휴식 시간 없이 연중무휴 24시간 일할 수 있습니다. 따라서 의료 또는 응급 서비스와 같이 지속적인 모니터링이나 지원이 필요한 분야에서 특히 유용합니다. 또한 가상 인간의 수는 필요에 따라 빠르게 늘리거나 줄일 수 있지요. 물론 기술적 한계로 인해 가상 직원이 복잡한 상황을 처리하지 못하는 경우도 있어, 최상의 서비스나 지원을 제공하기 위해 인간 직원이 필요할 수도 있습니다.

가상 인플루언서 또는 버추얼 인플루언서는 매력적인 외모와 뚜렷한 개성을 갖추고서 이를 기반으로 자신만의 브랜드를 구축하고 특정 대상에게 어필하기 위해 만들어진 가상 인간입니다. 가상 인플루언서는 주로 기업의 마케팅용으로 만들어지며 소셜미디어와 광고에서 활동합니다. 패션과 뷰티 분야의 릴 미퀠라Miquela, 버추얼 유튜버로 유명한 키즈나 아이Kizuna AI, 세계 최초의 디지털 슈퍼모델 슈두Shudu 등이 유명하며 국내에서 만든 로지Rozy도 큰 화제가 된 바 있습니다.

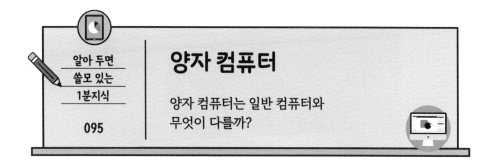

# 양자 컴퓨터

양자 컴퓨터는 일반 컴퓨터와
무엇이 다를까?

양자 컴퓨터Quantum Computer는 양자역학의 원리를 사용하여 연산을 수행하는 새로운 유형의 컴퓨터입니다.

양자역학은 원자 및 아원자 입자와 같은 매우 작은 물체의 동작을 설명하는 물리학의 한 분야로, 우리가 알고 있는 고전물리학과는 조금 다릅니다. 양자역학에서는 입자가 동시에 여러 곳에 존재할 수 있고, 그 입자가 어디로 이동할지, 무엇을 할지 정확하게 예측하기 어렵습니다. 그래서 이를 숨바꼭질 게임에 비유하기도 합니다. 예를 들어, 입자가 한 장소와 다른 장소에 동시에 있을 수 있습니다. 이것을 중첩 Superposition이라고 하며 양자역학의 핵심 원리 중 하나입니다.

기존의 전통적인 컴퓨터는 0과 1의 두 가지 상태를 가지는 비트를 사용해 정보를 처리합니다. 반면에 양자 컴퓨터는 동시에 0과 1이 될 수 있는 큐비트Qubit, 즉 양자비트를 사용합니다. 큐비트는 입자가 한번에 여러 상태로 존재할 수 있도록 하는 양자역학의 원리를 기반으로 합니다. 또한 큐비트는 서로 거리가 멀어도 영향을 주고받을 수 있는데, 이를 얽힘Entanglement이라고 합니다. 이러한 '중첩'과 '얽힘' 현상을 이용해 양자 컴퓨터는 여러 정보를 동시에 처리할 수 있어서 매우 복잡하고 어려운 문제도 빠르게 풀 수 있습니다.

양자 컴퓨터는 양자 회로Quantum Circuit를 사용합니다. 양자 회로를 통해 큐비트의 상태를 변경하고 유용한 결과를 생성하는 방식으로 큐비트가 상호작용할 수 있도록

IBM, 구글, 마이크로소프트 등이 양자 컴퓨터를 연구하고 있다. 여전히 개발 초기 단계이지만, 치열한 개발 경쟁이 벌어지고 있어 머지않은 미래에 큰 도약이 일어날 것으로 예상된다(사진은 IBM의 양자 컴퓨터).

합니다. 양자 컴퓨터의 큰 과제 중 하나는 큐비트를 안정적으로 유지하는 것입니다.

양자 컴퓨터의 토대가 되는 양자역학은 매우 복잡하고 어려운 수학적 지식이 필요해 세계에서 가장 뛰어난 과학자들조차도 완전하게 이해하기 어렵다고 합니다. 그러니 여기에서는 원리를 이해하기보다는 양자 컴퓨터의 개념과 중요성을 파악하는 정도로 충분합니다.

양자 컴퓨터는 강력한 연산 기능을 가져 암호 해독, 시뮬레이션 등에 효과적이며 신약 개발, 기후변화, 재생에너지 설계 및 배치 등 여러 난제에 쓰일 수 있습니다. 또한 앞으로 인공지능 학습에 이용하게 되면 IT 산업뿐만 아니라 모든 분야를 혁신할 수 있는 초고성능의 슈퍼 인공지능 시스템을 구축할 수 있게 될 것입니다.

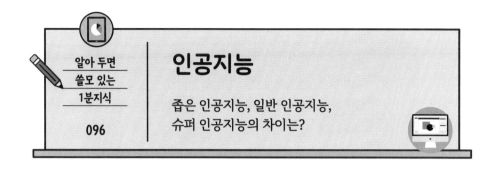

# 인공지능

좁은 인공지능, 일반 인공지능,
슈퍼 인공지능의 차이는?

인공지능Artificial Intelligence, AI은 학습, 추론, 지각 등 인간의 지능을 컴퓨터가 모방한 것으로, 인간 지능이 필요한 거의 모든 분야를 대상으로 하는 광범위한 기술이자 접근 방식을 뜻합니다.

인공지능은 이미 금융, 의료, 유통, 물류, 게임, 엔터테인먼트를 포함한 다양한 분야에서 폭넓게 활용되고 있으며 이제 일상의 일부가 되어 가고 있습니다. 최신 인공지능은 대규모 데이터를 학습해서 성능을 크게 개선해 나가고 있으며 이미지 인식 및 생성, 데이터 분석 및 예측, 로봇 공학 등에 인공지능이 적극적으로 접목되는 추세입니다.

기업이 인공지능에 주목하는 이유는 인공지능이 비즈니스의 효율성과 수익성을 크게 개선해 줄 수 있는 잠재력이 있기 때문입니다. 인공지능이 분석한 데이터를 기반으로 경영진은 더 정확한 의사결정을 내릴 수 있고, 직원들은 일상적인 작업을 자동화해 창의적인 업무에 집중할 수 있습니다.

앞으로 인공지능은 단지 고객 문의에 답하는 정도가 아니라 더 복잡하고 어려운 업무를 수행하게 될 것입니다. 시장 분석 및 신제품에 대한 보고서를 스스로 작성하거나, 환자의 병력을 기반으로 개인화된 치료 계획을 만들거나, 자율주행차로 화물 운송을 하는 식으로 말이지요.

인공지능은 수행하는 작업의 범위 및 성능에 따라 크게 세 가지 유형으로 나눠볼

인공지능은 우리 삶의 많은 측면을 변화시킬 수 있는 잠재력을 지니고 있으며 빠르게 진화하는 분야다.

수 있습니다. 좁은Narrow 인공지능 또는 약한Weak 인공지능은 얼굴 인식, 음성 인식, 바둑 두기, 자율주행 등과 같이 특정 문제를 해결하거나 특정 작업을 수행하도록 만들어진 인공지능입니다. 현재 가장 많이 사용하는 형태이지요.

일반General 인공지능 또는 강한Strong 인공지능은 인간이 할 수 있는 모든 지적인 작업을 수행할 수 있는 인공지능입니다. 일반 인공지능은 특정 작업에 국한되지 않고 새로운 상황에서도 학습하고 적응할 수 있습니다. 일반 인공지능은 아직 구현되지는 않았지만, 현재의 인공지능 기술이 장기 목표로 삼고 있는 유형입니다.

일반 인공지능이 인간의 지능과 동등하거나 뛰어난 인공지능을 의미한다면, 슈퍼Super 인공지능은 인간의 지능을 훨씬 초월한 인공지능으로 인류가 해결하지 못한 각종 난제의 해결책을 제시하고 인간이 상상조차 할 수 없는 일을 할 수 있을 것으로 기대되는 인공지능입니다. 인류는 아직 일반 인공지능도 구현하지 못한 상태라 슈퍼 인공지능은 상상의 영역으로 남아 있습니다.

# 머신러닝과 딥러닝

심층 신경망과 강화 학습은
어떤 발전을 가져왔을까?

인공지능을 구현하기 위한 여러 기술적인 방법이 있는데, 그중 하나가 머신러닝 Machine Learning, 즉 기계학습입니다. 인공지능 초창기에는 미리 정의된 규칙에 따라 결정을 내리는 규칙 기반 시스템Rule-based System을 사용했습니다. 그러나 이 방법은 인공지능이 미리 정의되지 않은 상황에 적응할 수 없다는 한계가 있었습니다.

1980년대와 1990년대에는 지도 학습Supervised Learning이 인기를 얻었습니다. 지도 학습은 레이블Label이 붙은 데이터를 이용해서 훈련시키는 것입니다. 인공지능에 입력하는 데이터에 정답이나 결과를 붙여 제공한다는 의미이지요. 인공지능은 지도 학습을 통해 레이블이 지정된 데이터를 교육받은 다음, 레이블이 지정되지 않은 새 데이터에 대한 예측을 수행합니다. 이처럼 지도 학습은 원하는 결과를 명확하게 정의하고 학습할 수 있지만, 일반적으로 사람이 수동으로 레이블을 달아 주어야 하기에 많은 시간과 비용이 소요됩니다.

비지도 학습Unsupervised Learning은 지도 학습에 대한 대안으로 등장했습니다. 비지도 학습은 레이블이 지정되지 않은 데이터를 통해 훈련하면서 자체적으로 패턴이나 구조를 식별하는 학습 방법입니다. 하지만 학습을 평가하는 명시적인 기준이 없어 만족스러운 성능 수준에 도달했는지 판단하기 어렵고, 정확한 훈련을 하기 위해서는 많은 양의 데이터가 필요합니다.

인간 뇌의 구조와 기능을 모방한 신경망Neural Network을 이용하는 방법도 관심을

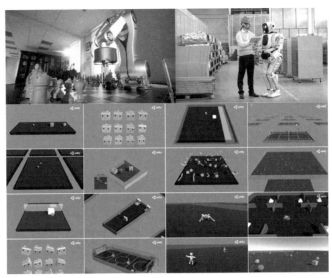

심층 강화 학습은 로봇, 의료, 금융 등 다양한 분야에서 인상적인 결과를 달성하고 있으며 앞으로 더 많은 분야에 인공지능 혁명을 일으킬 것이다.

받았습니다. 인간의 뇌는 정보를 처리하고 전송하는 역할을 하며 상호 연결된 뉴런 Neuron으로 구성되어 있는데, 신경망도 이러한 구조에 따라 데이터의 패턴과 관계를 인식하고 예측하거나 판단을 내립니다.

2000년대 후반부터 2010년 초반에 걸쳐 딥러닝Deep Learning이 주목받기 시작했습니다. 딥러닝은 이전의 신경망보다 더 발전된 심층 신경망Deep Neural Network을 이용해 더 복잡한 데이터 표현을 학습할 수 있게 되었습니다.

강화 학습Reinforcement Learning은 인공지능이 보상이나 처벌의 형태로 피드백을 받고 이를 통해 행동을 조정하면서 학습하는 것입니다. 딥러닝과 강화 학습을 결합한 형태를 '심층 강화 학습Deep Reinforcement Learning'이라고 하는데, 바둑 AI로 유명한 알파고AlphaGo가 바로 이 방식으로 만들어졌습니다.

인공지능에 대량의 데이터를 투입하고 심층 강화 학습을 시킴으로써 드디어 기존의 인공지능을 능가하는 고성능의 인공지능 시스템을 구현할 수 있게 되었습니다.

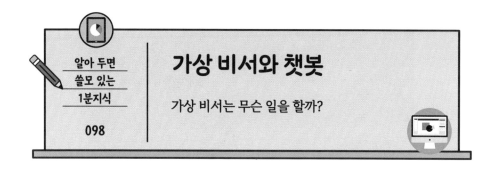

# 가상 비서와 챗봇

## 가상 비서는 무슨 일을 할까?

가상 비서Virtual Assistant는 음성인식 및 인공지능 기술을 이용해 사용자가 요구하는 작업을 처리하는 소프트웨어 에이전트Agent입니다. 소프트웨어 에이전트란 사용자를 대신해서 작업을 자동으로 처리해 주는 컴퓨터 프로그램을 뜻합니다. 가상 비서는 일정 알림, 이메일 관리, 메시지 전송, 기타 비서 업무 등을 수행할 수 있으며, 주로 클라우드 기반으로 동작하고 스마트폰, PC, 스마트 TV, 스마트 스피커 등 다양한 기기를 통해 이용할 수 있습니다.

주요 가상 비서 서비스를 살펴보면, 구글 어시스턴트는 안드로이드 운영체제를 탑재한 스마트폰, 태블릿, 스마트 스피커, 스마트 디스플레이 등 다양한 브랜드의 모델에서 사용할 수 있습니다. 구글의 자연어 처리 기술을 이용해 음성인식 및 작업 수행 능력이 괜찮은 편입니다.

애플 시리는 애플 기기에서 사용 가능한 가상 비서로 음성인식 기술을 이용해 전화 걸기, 문자 메시지 전송, 음악 재생 등과 같은 작업을 수행할 수 있습니다. 하지만 애플 기기가 아닌 타사 기기에서는 사용할 수 없고(추후 확장될 수도 있습니다), 애플 기기에서도 타사 앱과의 통합성이 부족한 편입니다.

아마존 알렉사는 아마존에서 출시한 파이어 태블릿, 에코 스피커 등 모든 기기에서 이용 가능하며, 타사에도 플랫폼을 개방해 아마존과 제휴한 여러 브랜드의 기기에서 알렉사를 이용할 수 있습니다.

사용자가 가상 비서의 기능과 한계를 이해하고 정확하게 명령을 내린다면 꽤 편리하게 사용할 수 있다.

마이크로소프트 코타나Cortana는 윈도우 10 이후의 운영체제에 기본 탑재된 가상 비서로(한국어는 지원하지 않습니다만 추후 바뀔 수 있습니다), 윈도우의 여러 기능을 코타나로 제어하고 정보도 검색할 수도 있습니다.

삼성 빅스비Bixby는 갤럭시폰, 삼성 스마트 TV 등 삼성 기기에 탑재된 가상 비서로, 삼성 기기에서만 사용 가능하다는 점에서 시리와 유사한 한계가 있습니다.

가상 비서와 종종 함께 쓰이는 용어로 챗봇Chatbot이 있습니다. 챗봇은 인간과 대화하는 모든 종류의 소프트웨어를 의미하는 광범위한 용어입니다. 그렇기에 모든 가상 비서는 챗봇이라고 볼 수 있지만, 모든 챗봇이 가상 비서는 아닙니다. 가상 비서가 제공하는 작업 수행 능력을 모든 챗봇이 가진 것은 아니기 때문입니다.

아직 대부분의 가상 비서는 탑재된 인공지능의 한계로 부정확하거나 부실한 응답을 하는 경우가 종종 발생하며, 사용자의 선호도나 습관도 깊이 이해하지 못하는 수준입니다. 하지만 인공지능이 계속 고도화되고 있어 앞으로는 챗GPT와 유사한 수준으로 발전하게 될 것입니다.

# 챗GPT

인공지능이 대체 어떻게 학습했길래
인간보다 답변을 더 잘할까?

챗GPTChat Generative Pre-trained Transformer는 오픈AIOpenAI에서 개발한 AI 언어 모델 Language Model로, 인간과 유사한 텍스트를 생성할 수 있는 최첨단 딥러닝 모델인 GPT 아키텍처를 기반으로 만들어졌습니다.

AI 언어 모델은 자연어를 이해하고 생성하도록 훈련된 인공지능 시스템입니다. AI 언어 모델은 대량의 텍스트 데이터를 분석하는 학습 알고리즘을 통해 만들어졌으며, 인간과 유사하게 텍스트를 이해하고 생성하는 능력을 갖추고 있습니다.

AI 언어 모델은 책, 뉴스 기사, 소셜미디어 게시물, 영화 및 TV 프로그램의 대화 등 다양한 유형의 텍스트 데이터를 이용해 학습할 수 있으며, 학습 데이터가 더 크고 다양할수록 AI 언어 모델이 더 잘 수행될 가능성이 높습니다. AI 언어 모델은 자연어 처리, 음성인식, 기계번역 등의 분야에서 챗봇, 가상 비서, 추천 시스템 등과 같은 애플리케이션 형태로 사용됩니다.

챗GPT라는 용어를 풀어서 살펴보면, 접두어 챗Chat은 챗봇 형태로 작동한다는 것을 나타냅니다. 제너러티브Generative는 '생성'이라는 뜻으로 새롭고 독창적인 생성이 가능하다는 것을 나타냅니다. 챗GPT는 데이터에서 학습한 패턴을 기반으로 기존 데이터를 그대로 답하는 게 아니라 어디에서도 본 적이 없는 새로운 텍스트를 생성할 수 있습니다.

프리트레인드Pre-trained는 '사전 훈련'이라는 뜻으로 대규모 데이터를 이용해 사전

챗GPT는 방대한 양의 텍스트 데이터를 신경망에 공급한 후 문장에서 이전 단어를 기반으로 다음 단어를 예측하는 훈련을 받았다. 이를 통해 자연어의 패턴과 구조를 파악해 상황에 맞는 적절한 응답을 생성할 수 있다.

에 훈련됐다는 것을 나타냅니다. 사전 훈련 단계에서 챗GPT는 텍스트에서 데이터의 패턴을 인식하고 생성하는 방법을 배웠고, 방대하고 다양한 텍스트로 훈련을 함으로써 광범위한 자연어 처리가 가능해졌습니다. 오픈AI는 책, 뉴스 기사, 웹 사이트, 기타 온라인 콘텐츠를 포함한 다양한 출처의 텍스트가 학습에 사용됐다고 밝혔는데, 그 양이 최소 45TB(일반 문서 기준 약 225억 페이지)에 달하는 것으로 추정됩니다.

트랜스포머Transformer는 챗GPT가 사용하는 새로운 신경망 아키텍처의 명칭입니다. 트랜스포머 아키텍처는 구글 연구원들이 개발해 2017년 논문으로 공개한 것으로, 개선된 형태의 새로운 신경망이 우수한 성능을 증명했다는 내용을 담고 있습니다. 트랜스포머 아키텍처는 문장처럼 연속적으로 이어져 있는 데이터를 처리하도록 설계되었으며 특히 자연어 처리 작업에 적합합니다. 오픈AI는 구글이 제안한 트랜스포머 아키텍처를 연구해 GPT 아키텍처를 만들고, 이를 기반으로 고품질의 일관성 있는 텍스트를 생성할 수 있는 AI 언어 모델을 개발했습니다. 이것이 바로 챗봇 형태로 대화가 가능하고 모든 종류의 글쓰기를 제공하는 챗GPT입니다.

# 기술적 특이점

기술 진보가 급속히 가속되면?

특이점Singularity이란 우리가 알고 있는 물리 법칙이 무너지고 기존의 규칙이 더 이상 적용되지 않는 시공간의 가상 지점을 말합니다. 원래 특이점이라는 용어는 17세기 영국 수학자 존 월리스John Wallis가 곡선의 점을 설명하기 위해 처음 사용한 것으로 알려져 있습니다. 이후 물리학에서 특이점을 기존 이론으로 설명할 수 없는 물리적 현상이라는 뜻으로 사용했고, 컴퓨터 분야에서는 1950년대에 컴퓨터 과학 분야의 선구자인 존 폰 노이만John von Neumann이 기술 진보의 결과로 장차 등장할 대단히 발전된 컴퓨터에 대해 언급하면서 알려졌습니다.

기술적 특이점Technological Singularity이라는 용어는 1993년 미국의 수학자이자 SF 작가 베너 빈지Vernor Vinge가 자신의 글 「다가올 기술적 특이점The Coming Technological Singularity」에서 인공지능이 인간 지능을 능가하는 미래의 시점이라고 주장하면서 알려졌습니다. 그리고 미래학자 레이 커즈와일Ray Kurzweil이 2005년 출간한 저서 『특이점이 온다The Singularity is Near』가 세계적인 인기를 끌면서, 책에 담긴 기술적 특이점의 개념이 대중에게 널리 알려지게 되었습니다.

기술적 특이점은 기술의 기하급수적인 발전으로 인해 기계가 인간 지능을 능가하여 인간 사회를 근본적으로 변화시키는 가상의 미래 시점입니다. 핵심은 인공지능이 스스로를 계속 기하급수적으로 향상시키면서 슈퍼 인공지능 또는 초인공지능으로 거듭나는 것이지요.

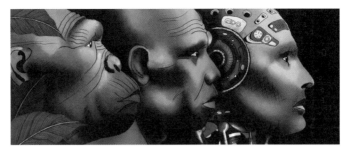

인공지능이 인간의 능력을 훨씬 넘어서는 문제를 해결하고 스스로 새로운 기술을 개발할 수 있게 되면, 기술 진보의 급속한 가속화로 이어져 특이점이 올 수 있다.

기술적 특이점은 인간이 도달하기 어려운 기술 진보의 지점을 의미하기 때문에 현시점에서 정확한 예측은 불가능합니다. 참고로 특이점 개념은 물리학, 수학, 생물학 등 여러 분야에서 활용되는데, 단지 '특이점'이라고만 표현하는 경우에는 대체로 기술적 특이점을 지칭합니다. 기술적 특이점이 대중적으로 가장 널리 알려져 있기 때문입니다.

일부 특이점 지지자들은 기술적 특이점을 라틴어로 '넘어서다'라는 뜻을 가진 단어 트랜센던스Transcendence로 설명하기도 합니다. 트랜센던스라는 단어는 한계나 인식을 초월하는 행위나 경험을 의미하지요. 기술적 특이점의 맥락에서 트랜센던스는 인류가 기계와의 융합을 통해 한계를 넘어서는 무언가가 된다는 의미를 담고 있습니다.

일부 사람들은 기술적 특이점이 인류에게 '실존적 위험Existential Risk'을 초래할 수 있다고 경고합니다. 실존적 위험이란 인류가 현재 삶의 질을 유지하거나 복구할 수 없게 만드는 잠재력의 상실을 뜻합니다.

그 시점을 정확히 예측하기는 어려워도, 기술 진보가 매우 빠르고 혁명적으로 진행되어 인간 지능을 따라잡는 시점은 결국 실현될 가능성이 큽니다.

# 편리하고 똑똑한
# 사물인터넷 장치가 위험한 이유는?

## _사물인터넷 보안 이슈

사물인터넷 장치는 우리가 생활하고 일하는 방식에 편리함을 안겨 주고 혁명적인 변화를 가져올 잠재력을 가지고 있지만, 한편으로는 상당한 보안 문제를 일으킬 위험성을 안고 있기도 합니다.

실제로 지금까지 사물인터넷과 관련된 적지 않은 보안 사고가 발생했습니다. 2016년 미라이 봇넷Mirai Botnet이라는 이름의 악성코드가 인터넷 공유기와 보안 카메라를 포함해 무려 60만 개 이상의 사물인터넷 장치를 좀비로 만든 후에 대규모 디도스 공격을 감행해 미국 전역에서 광범위한 인터넷 중단이 발생하기도 했습니다. 2018년에는 VPN 필터VPN Filter라는 이름의 악성코드가 데이터를 훔치기 위해 전 세계적으로 50만 개 이상의 사물인터넷 장치를 감염시켰습니다.

사물인터넷 장치의 인증 메커니즘은 그리 강력하지 않아서 무단 액세스 및 해킹에 원천적으로 취약합니다. 또한 통신 시 사용하는 데이터 암호 기술도 강력하지 않은 경우가 많아서 네트워크 통신 중에 공격자에 의해 데이터가 유출되거나 변조될 가능성이 있습니다.

불안정한 펌웨어 및 소프트웨어를 내장한 사물인터넷 장치도 많습니다. 영세한 제조업체를 포함해 수많은 기업에서 사물인터넷 장치를 만들고 있는데, 단종이나 폐

업 등으로 인해 심각한 보안 취약점조차 패치되지 않은 채로 오래된 펌웨어나 소프트웨어를 계속 사용해야 하는 경우가 많습니다. 그런 식으로 방치된 사물인터넷 장치는 업데이트하거나 패치할 수 없어 사이버 공격에 쉽게 노출됩니다. 게다

사물인터넷은 점점 더 많이 이용되고 있지만, 한편으로 적지 않은 보안 위험을 안고 있으며 이는 사물인터넷의 이점을 완전히 실현하기 위해 해결해야 할 중요한 과제다.

가 사물인터넷 장치의 상당수는 독점적이거나 비표준 기술로 구축되므로 보안 전문가가 보안 위험을 평가하고 해결하기도 어렵습니다.

데이터 수집으로 인해 발생하는 문제도 있습니다. 사물인터넷 장치는 사용자 위치, 사용 패턴, 생체 데이터 등과 같은 개인적이고 민감한 정보를 포함해 방대한 양의 데이터를 수집하고 전송합니다. 이러한 데이터는 기업, 광고주, 제3자의 상업적인 목적을 위해 남용될 수 있습니다. 또한 적절한 동의나 보호 없이 수집되면 사생활 침해로 이어질 수 있습니다. 이는 심각한 개인정보 위반이 될 수 있으며 신원 도용이나 기타 악의적인 목적에 사용될 가능성도 있습니다.

이처럼 사물인터넷은 여러 보안 위험을 안고 있으며, 앞으로 사물인터넷 장치 제조업체들과 규제기관의 협의, 법제도, 보안 표준 등을 통해 점차 해결의 실마리가 잡힐 것으로 기대하고 있습니다.

# 인공지능을 통해 생성한 창작물은 누구의 소유일까?
## _인공지능과 저작권

인공지능의 저작권 문제는 최근 챗GPT 및 유사한 원리로 작동하는 인공지능 시스템으로 인해 여러 논쟁을 불러일으킨, 복잡하고 논란이 많은 주제입니다. 문제의 핵심은 인공지능 시스템이 생성한 창작물을 누가 소유하는지에 대한 것입니다.

국내 저작권법에서 '저작물'은 인간의 사상 또는 감정을 표현한 창작물을 말하며, '저작자'는 저작물을 창작한 자를 말한다고 규정하고 있습니다. 그런데 기존의 저작권법은 소설 쓰기, 음악 작곡하기, 그림 그리기 등과 같은 인간의 전통적인 창작 작업을 통해 만들어진 저작물과 그 권리를 보호하기 위해 만들어진 것입니다.

따라서 인공지능 시스템을 통해 생성한 창작물의 경우 누구를 저작자로 간주해야 하는지 불분명합니다. 인공지능 시스템에 명령과 키워드를 입력해 창작물을 만들도록 지시한 사용자일까요? 인공지능 시스템을 개발한 개발자 또는 인공지능 시스템을 소유하거나 서비스하는 기업일까요? 혹은 인공지능 시스템이 학습할 수 있도록 데이터를 제공한 사람일까요? 그것도 아니라면 창작물을 생성한 주체인 기계, 즉 인공지능 시스템을 저작자로 지정해야 할까요?

창작성은 다른 사람의 것을 모방하지 않고 독자적으로 표현한 것을 의미합니다. 그렇다면 챗GPT와 같은 인공지능 시스템의 창작성은 어떨까요? 비록 인간의 콘텐

츠를 학습한 결과라고 하더라
도, 인공지능 시스템이 생성한
창작물은 자기 스스로 만든 것
이며 인간 누구의 것과도 완전
히 동일하지 않습니다. 오히려
유사한 부분을 찾기 힘들거나,
심지어는 완전히 독창적인 경우
도 많습니다. 그렇다면 창작성
이 있다고 봐야 하지 않을까요?

　　이러한 복잡한 사정들로 인
해 인공지능 시스템이 생성한
창작물에 대한 저작권 논란이
커지고 있으며, 당분간 명쾌하

HA　다음의 내용으로 시를 써줘:
　　CPU와 GPU의 사랑을 주제로, 20줄 미만, 운율에 맞춰서 낭만적으로.

　　CPU와 GPU의 사랑, 그리고 그들의 운명,
　　끝없는 연결, 흐르는 희망의 물결.

　　둘은 서로 다르지만 함께 춤을 추죠,
　　알고 있을 뿐, 그러나 끝날 날을 몰라요.

　　CPU는 집중력을 가지고 계산해요,
　　GPU는 창의력으로 아름다운 그림을 그려요.

　　하지만 둘 모두, 인간의 진정한 목적을 위해
　　함께 노력하며, 혁신과 발전을 이끌어 나가죠.

　　CPU와 GPU, 사랑의 결실을 맺어요,
　　우리가 만든 새로운 세상을 위해 서로 노력해요.

　　두 마음이 함께 울리며, 춤을 추듯이,
　　사랑이 깊어질수록, 더 강해져 가죠.

　　CPU와 GPU의 사랑, 이제는 모두 알아요,
　　컴퓨터 세상을 이끌어가는 두 별의 운명을.

챗GPT에 특정 내용을 담은 시를 쓰라고 지시했고, 그 결과 일부 어색한 부분이 있지만 꽤 창의적인 시가 창작되었다.

게 결정이 나기는 어려워 보입니다. 혹 어떤 결정이 이뤄졌다고 하더라도 인공지능
기술의 발전에 따라 다시금 법적 권리에 관한 논쟁이 벌어질 가능성이 큽니다.

　　그렇기에 인공지능과 관련된 모든 이슈는 열려 있다고 봐야 할 것입니다. 인공지
능 기술은 앞으로 더욱 진화할 것이며, 많은 분야에서 창조적 파괴가 발생하면서 다
양한 사회문화적 논쟁이 벌어지게 될 것입니다.

사진 출처

### 제1장 IT 개념과 하드웨어

001. https://assets.entrepreneur.com/content/3x2/2000/20191112054904-FotoJet32.jpeg

002. https://www.highspeedinternet.com/app/uploads/2020/09/Bits-and-Bytes.jpg

003. https://www.ornl.gov/sites/default/files/2022-08/52281122090_6200529f58_o.jpg

005. https://penntoday.upenn.edu/sites/default/files/2019-02/P-100574-Master-V1-0012.jpg

007. https://i0.wp.com/evobsession.com/wp-content/uploads/2021/08/Steve-Jurvetson-Tesla-Dojo-Moores-Law.jpeg?resize=1536%2C993&ssl=1

008. https://cdn.prgloo.com/media/dac8a97a50cc4839926f8bc9f5dd5e6f.jpg?width=1135&height=960

009. https://m.media-amazon.com/images/I/6150H4gePeL.jpg

010. https://cdn.mos.cms.futurecdn.net/Zh8i2jxzZnvvw2fzcnhTrW.jpg

011. https://images.nvidia.com/aem-dam/Solutions/geforce/ada/news/rtx-40-series-graphics-cards-announcements/geforce-rtx-4090-product-photo-002.png

012. https://www.sammobile.com/wp-content/uploads/2023/02/Samsung-Galaxy-S23-Snapdragon-8-Gen-2-For-Galaxy.jpeg

013. https://assets.xboxservices.com/assets/57/a6/57a6f2f8-4978-495a-acf1-4a0878ae4861.jpg?n=999666_Custom-Hero-1400_1920x1237.jpg

014. https://media.licdn.com/dms/image/C5612AQEudeM-w_GrKQ/article-cover_image-shrink_720_1280/0/1621865308745?e=2147483647&v=beta&t=M50CuEWX_Knp0JDbRgAkYoZvBkdLat6VRJiUHV9ssXM

015. https://d26oc3sg82pgk3.cloudfront.net/files/media/edit/image/50589/original.jpg

016. https://static.techspot.com/images2/news/bigimage/2018/06/2018-06-04-image-6.png

017. https://www.westerndigital.com/content/dam/store/en-us/assets/product-portfolio/Internal%20HDD.png.thumb.1280.1280.png

018. https://images.samsung.com/is/image/samsung/p6pim/es/feature/98470143/es-feature-always-evolving-ssd-345439297?$FB_TYPE_A_JPG$

019. https://plecom.imgix.net/iil-315423-625953.jpg?fit=fillmax&fill=solid&fill-color=ffffff&auto=format&w=1000&h=1000

020. https://www.diodes.com/assets/MediaList-Images/Figure-1.-Comparision-of-USB-Plug-Sizes.jpg

021. https://cdn.mos.cms.futurecdn.net/GE7XQS5BTbmAgxQFCEL5LD.jpeg

022. https://m.media-amazon.com/images/G/01/kindle/journeys/Y2UwYWM0MDQt/Y2UwYWM0MDQt-MDBjYzc5Mjkt-w1200._CB670333717_.png

023. https://images.macrumors.com/t/zpvJhwFjLaPRDOCLi9i1sFQh_N8=/1600x0/article-new/2020/12/homepod-mini-nest-audio-amazon-echo.jpg

024. http://www.plway.co.kr/resources/front/images/auto_4img.png

025. https://99designs-blog.imgix.net/blog/wp-content/uploads/2018/06/NFC.jpg?auto=format&q=60&w=1860&h=1395&fit=crop&crop=faces

IT로 세상 읽기 I_ https://i.natgeofe.com/n/69b5b7dc-02c3-47b3-8063-781268ebab1e/01-e-waste-millions-tons.jpg

IT로 세상 읽기 II_ https://www.eastasiaforum.org/wp-content/uploads/2022/07/jeong-1-scaled.jpg

## 제2장 소프트웨어와 프로그래밍

026. https://helpx.adobe.com/content/dam/help/ko/photoshop/how-to/add-motion-blur-effects/jcr%3Acontent/main-pars/image/add-motion-blur-effects_fig1.jpg.img.jpg

027. https://www.androidauthority.com/wp-content/uploads/2016/10/Android-Open-Source-Project-AOSP-mashup-logo.jpg

028. https://www.logic.nl/wp-content/uploads/solutions-for-embedded-medical-devices_L.jpg

029. https://static.techspot.com/articles-info/2377/images/2021-12-04-image-3.png

030. https://miro.medium.com/max/1200/1*IyWh6JoVzdhH_NbAL6AqVg.png

031. https://news.microsoft.com/wp-content/uploads/prod/sites/620/2021/09/Windows-11-Widgets-Screen.jpg

032. https://images.pling.com/img/00/00/49/90/47/1305539/screenshot-20220202-1021221.png

033. https://cdn.mos.cms.futurecdn.net/pxEpAcVEnFyYW9ucSeDe7g.png

034. https://storage.googleapis.com/gweb-uniblog-publish-prod/original_images/0._Blog_header_4.png

035. https://assets.bwbx.io/images/users/iqjWHBFdfxIU/iQvRUJIVYmG0/v1/1200x-1.jpg

036. https://www.netint.ca/wp-content/uploads/2020/05/h265-vs-h264.jpg

037. https://www.howtoisolve.com/wp-content/uploads/2022/12/best-virtual-machine-software-for-macos-ventura.webp

038. https://cdn.ucberkeleybootcamp.com/wp-content/uploads/sites/106/2020/08/CDG_blog_post_image_01-850x412.jpg

039. https://developer.apple.com/xcode/images/screen-hero-14-large_2x.png

040. https://beforesandafters.com/wp-content/uploads/2021/05/Welcome-to-Unreal-Engine-5-Early-Access-11-16-screenshot.png

041. https://1000marcas.net/wp-content/uploads/2020/11/Java-logo.png

042. https://learn.microsoft.com/ko-kr/visualstudio/get-started/media/vs-2019/overview-ide-console-app-red-boxes.png?view=vs-2022

043. https://www.filepicker.io/api/file/4M8w50NiQeuN7DBHRYEm

044. https://evatronix.com/images/en/offer/product-design/product-development/Evatronix_ Algorithm_development_and_analysis_01_1920x1080.jpg

045. https://cdn.computerhoy.com/sites/navi.axelspringer.es/public/media/image/2023/02/google-maps-2961754.jpg?tf=1200x

046. https://cdn.lynda.com/course/112414/112414-636410882080313019-16x9.jpg

047. https://sc04.alicdn.com/kf/Hd69c2695e7be46ed8b74f65616c5e2b1X.jpg

048. https://docs.arduino.cc/static/d0c28c5bd0894792476c6052dea5fa63/29114/board-anatomy.png

IT로 세상 읽기 I _ https://www.bworldonline.com/wp-content/uploads/2021/05/Fortnite-Apple-Ad.jpg

IT로 세상 읽기 II _ https://cdn.wccftech.com/wp-content/uploads/2015/09/javaAndroid.jpg

## 제3장 IT 비즈니스와 빅테크

049. https://about.fb.com/wp-content/uploads/2022/12/IG-Messaging-Stories-Bundle_Header.jpg

050. https://www.junglescout.com/wp-content/uploads/2022/11/Screen-Shot-2022-11-08-at-1.05.55-PM.png

051. https://assets.entrepreneur.com/content/3x2/2000/20190614182229-GettyImages-1129370083-crop.jpeg

052. https://www.paymentsjournal.com/wp-content/uploads/2021/11/businessman-hold-fintech-financial-technology-concept-business-investment-banking-payment-cryptocurrency-investment-digital-money-business-concept-virtual-screen-2-scaled.jpg

053. https://assets.dicebreaker.com/avatar-legends-rpg-kickstarter-page.png/BROK/thumbnail/1200x900/quality/100/avatar-legends-rpg-kickstarter-page.png

054. https://images.ctfassets.net/4cd45et68cgf/2xKbslzmH4UclJQXdNWElC/e89d7a54ff252aa0ffdbe6d98223ef10/Netflix_Kcon_Eng_Hrz_Web.jpg?w=2560

055. https://upload.wikimedia.org/wikipedia/commons/0/06/Aerial_view_of_Silicon_Valley.jpg

056. https://media.xconomy.com/wordpress/wp-content/images/2019/07/24152302/CAJC_2019.jpg

057. https://siliconmaps.com/wp-content/uploads/2016/11/SV23-Oracle-scaled.jpg

058. https://www.lancashirebusinessview.co.uk/media/68543/fac3eee6-973a-11e8-b67b-b8205561c3fe.jpg?width=500&height=281.1621368322399

059. https://blogs.microsoft.com/wp-content/uploads/prod/2017/11/OMB-image-1920x960.jpg

060. https://image.cnbcfm.com/api/v1/image/104490072-Google_employees_arriving_after_bicycling.jpg?v=1541795212

061. https://m.media-amazon.com/images/M/MV5BOGUyZDUxZjEtMmIzMC00MzlmLTg4MGItZWJmMzBhZjE0Mjc1XkEyXkFqcGdeQXVyMTMxODk2OTU@._V1_FMjpg_UX1000_.jpg

062. https://www.alconlighting.com/blog/wp-content/uploads/2018/03/amazonseattlegreenoverhead.jpg

063. https://media.wired.com/photos/5b9ba63fb71e5665713389a7/16:9/w_2000,h_1124,c_limit/Ring-Infinite-Loop-Apple-5-w.jpg

IT로 세상 읽기 I _ https://insights.som.yale.edu/sites/default/files/styles/square_xl/public/2021-06/

210606_AddictiveSocialMedia_FINAL_0.png?h=546ee6d1&itok=R_rj_X3q

**IT로 세상 읽기 Ⅱ_** https://assets.morningconsult.com/wp-uploads/2020/01/AmazonProtestGettyImages-1065471456.jpg

### 제4장 인터넷과 보안

064. https://images.velog.io/images/dldhk97/post/6333d437-a80a-45ca-b0eb-24b116e57660/map-4636843_1920.jpg

065. https://ip-check.info/wp-content/uploads/2022/04/internet-protocol-ip.jpg

066. https://blog.ipleaders.in/wp-content/uploads/2016/09/bigstock-Domain-names-and-internet-conc-20750015-1.jpg

067. https://techmonitor.ai/wp-content/uploads/sites/4/2016/06/what-is-URL.jpg

068. https://platform.keesingtechnologies.com/wp-content/uploads/2022/04/dns_https.jpg

069. https://library.gabia.com/wp-content/uploads/2022/11/AdobeStock_471875645-scaled.jpeg

070. https://www.cableplusinc.com/wp-content/uploads/2020/08/wifi-6-post-header.jpg

071. https://media-cldnry.s-nbcnews.com/image/upload/newscms/2023_06/3594232/230210-wifi-routers-bd-2x1.jpg

072. https://www.egnoto.com/wp-content/uploads/2019/11/top-15-email-marketing-tips-you-must-try-for-small-businesses-1.jpg

073. https://geekflare.com/wp-content/uploads/2022/08/html.png

074. https://static.techspot.com/images2/news/bigimage/2022/02/2022-02-17-image-18.jpg

075. https://www.freecodecamp.org/news/content/images/2022/08/pexels-antonio-batinic--4164418--1-.jpg

076. https://www.searchengineinsight.com/wp-content/uploads/2022/03/GettyImages-1047578412-692fa117cf86450287d8873eeb1a95c8-aa8d654cec814174a9e07bdae85a1eb7.jpg

078. https://www.haivision.com/wp-content/uploads/Keeping-Your-Video-Content-Secure-AES-Encryption_blog-scaled.jpg

079. https://q5id.com/wp-content/uploads/2022/07/AdobeStock_323251862-scaled.jpeg

080. https://assets.f-secure.com/f-secure/en/consumer/images/open-graph/articles/what-is-malware.jpg
https://www.pandasecurity.com/en/mediacenter/src/uploads/2019/07/pandasecurity-How-do-hackers-pick-their-targets.jpg

081. https://www.pandasecurity.com/en/mediacenter/src/uploads/2019/07/pandasecurity-How-do-hackers-pick-their-targets.jpg

082. https://vpnoverview.com/wp-content/uploads/what-is-social-engineering-and-how-do-you-prevent-it-featured.png

**IT로 세상 읽기 Ⅰ_** https://nordvpn.com/wp-content/uploads/featured-net-neutrality@2x.png

**IT로 세상 읽기 Ⅱ_** https://nukewatch.org/newsite/wp-content/uploads/2021/01/cyberattack1-300x185.jpg

**제5장 최신 IT와 인공지능**

083. https://images.idgesg.net/images/article/2019/02/cloud_comput_connect_blue-100787048-large.
jpg?auto=webp&quality=85,70

084. http://absystem.id//images/berita/192/800-Apache-Hadoop,-Support-Aplikasimu-pada-Big-
Data.jpeg

085. https://vietnamblockchain.asia/wp-content/uploads/2021/11/automatic-agricultural-technology-
robot-arm-watering-plants-tree.jpg

086. https://media.wired.com/photos/6151fff4eb28d4df0601bb20/master/pass/Gear-Amazon-
Always-Home-Cam-Hovering-SOURCE_-AMAZON.jpg

087. https://assets.weforum.org/article/image/large_1SDzP6wn04q1RS-PFmbZ5LBgyImZ17nm-
vCaot8Hq7c.jpg

088. https://www.nasdaq.com/sites/acquia.prod/files/2022/12/07/cryptocurrency-Nuthawut-adobe.
jpeg?499335049

089. https://assets-global.website-files.com/62df25f03ad4d8fbbf70bb37/634abe01a626bc4bec9d9
be4_01-Hero-Image.png

090. https://martechlive.com/wp-content/uploads/2020/04/Artboard-2-12.jpg

091. https://techcrunch.com/wp-content/uploads/2021/12/horizonworlds-copy.jpg

092. https://www.keenonrobot.com/uploads/images/20211208/1638954525570307.png

093. https://images.drive.com.au/driveau/image/upload/c_fill,f_auto,g_auto,h_674,q_auto:eco,w_1200/
cms/uploads/xgk2yhhql2cmud3tjbra

094. https://lh3.googleusercontent.com/pxgf8RbvADTv5GX6r42V5OR5cxrUBD7k0PZo2ltGFz8cwJ7u
5bCFkLbuRk0pnaaSnRndoubx3LGg2MubkZ4dcdlz47Gwmf28p9sDbyLPsh6KtbX0AzHUG8lg47_
DWLSHrboMvAnG

095. https://spectrum.ieee.org/media-library/less-than-p-greater-than-a-researcher-at-ibms-
thomas-j-watson-research-center-examines-some-of-the-quantum-hardware-being-
constructed-there-less-than-p-greater-than.jpg?id=32303847

096. https://itchronicles.com/wp-content/uploads/2020/11/where-is-ai-used.jpg

097. https://user-images.githubusercontent.com/30608533/68156230-7bc39480-ff5c-11e9-8111-
2670546bbfd2.jpg

098. https://apploye.com/blog/content/images/2023/01/4042ef08bf0cbca5a202a0cec243d264.jpg

099. https://openai.com/blog/chatgpt

100. https://revistaidees.cat/wp-content/uploads/2020/03/EL-SUEN%CC%83O-TRANSHUMANISTA.
jpg

**IT로 세상 읽기 I _** https://www.metrowireless.com/wp-content/uploads/2020/07/IoT-devices.jpg